体育串起的极简中国史

杨阳 等 主编

化学工业出版社
·北京·

内容简介

《体育串起的极简中国史》，顾名思义，是以不同历史时期的体育运动为主线，串起中国历史的发展脉络。编者最初只是希望能够将小运动员的文化课内容设计得更生动有趣一些，不过在编写过程中逐渐发现这种以体育项目的起源发展为主线，以多元化、碎片化的展现形式为表现手段的编写方法，也同样适用于青少年了解和学习中华优秀传统文化的精髓，几经修改，便成本书。

《体育串起的极简中国史》全书没有长篇大论，阅读起来不费时、不费力，可以让青少年读者在趣味阅读中感悟中华优秀传统文化的无穷魅力。

图书在版编目（CIP）数据

体育串起的极简中国史/杨阳等主编. —北京：化学工业出版社，2020.11

ISBN 978-7-122-37738-8

Ⅰ.①体…　Ⅱ.①杨…　Ⅲ.①体育运动史-中国-青少年读物　Ⅳ.①G812.9-49

中国版本图书馆CIP数据核字（2020）第174351号

责任编辑：宋　薇　　装帧设计：张　辉
责任校对：宋　玮

出版发行：化学工业出版社（北京市东城区青年湖南街13号　邮政编码100011）
印　　装：北京宝隆世纪印刷有限公司
880mm×1230mm　1/24　印张$5^{1}/_{2}$　字数147千字　2021年1月北京第1版第1次印刷

购书咨询：010-64518888　售后服务：010-64518899
网　　址：http://www.cip.com.cn
凡购买本书，如有缺损质量问题，本社销售中心负责调换。

定　　价：39.80元

序言

少年强，则国强。少年强是多方面的，既包括思想品德、学习成绩、创新能力、动手能力，也包括身体健康、体魄强壮、体育精神。

青少年运动员是个特殊的群体，肩负着体育强国的重任，他们在训练、比赛场上投入了大量的精力与时间，为了帮助他们快速又简便地了解中华传统文化，我们推出《体育串起的极简中国史》一书。本书以体育项目的起源发展为主线，以多元化、碎片化的形式展现了自春秋到明清间部分历史时期的中华优秀传统文化精髓；没有长篇大论，不用费时费力，信手拈来，开卷有益，十分契合青少年运动员特殊的学习状态。通过一个个鲜活的历史人物、一幅幅精美的历史画卷，让青少年运动员在趣味阅读中感悟优秀传统文化的无穷魅力。

《体育串起的极简中国史》一书是我们作为体育院校教育工作者的一点积极的探索和尝试。我们相信，这本书将有助于丰富青少年运动员的中华优秀传统文化知识，帮助他们树立正确的人生观、价值观、世界观，激发他们为中华民族强盛而拼搏的斗志。同时，本书也可以作为青少年了解体育、认知历史的一种新途径。

编 者

2020 年 6 月

目 录

第四章 拳术、相扑说魏晋

第五章 马球、围棋评隋唐

第六章　冰嬉、武术惜明清

参考文献

第一章 跑、跳、投话远古

前言

距今约 200 万年—公元前 21 世纪史前时代，人类生存环境恶劣，原始人过着采集和狩猎的群居生活。他们使用简陋的工具和武器，与大自然及凶猛的野兽进行艰苦卓绝的斗争。

原始人在与自然不断抗争的过程中练就了跑、跳、投等生存技能，这些源自生命本能的技能是萌芽状态的原始体育行为。

跑、跳、投简介

史前 史前 史前 史前

人类早在远古时期就掌握了跑、跳、投等生存技能，并传授给下一代。

随着历史的变迁，社会的不断进步，跑、跳、投由最初的生存技能逐渐演变为人们有意识的健体练习和比赛项目。

史前　史前　史前　史前

短跑是古希腊第一届奥林匹克运动会唯一竞技项目，距离为192.27米。当时运动员起跑采用“站立式”，并将大石块置于脚后，借助蹬石块起跑。

公元前776年，古希腊举行第一届奥林匹克运动会，田径运动被列为正式比赛项目。

跳远源于古人在追逐猎物或躲避野兽攻击时需跨越沟渠而做出的跳跃动作，后成为人们生活中常用技能之一，并发展为军事训练手段和运动竞技项目。史料记载，跳远比赛始于公元前708年，是古希腊奥运会五项全能运动之一。公元前656年，斯巴达人创造了历史上第一个跳远纪录，成绩是7.05米。

史前 → 公元前708年 → 公元前450年 → 史前

投掷运动源远流长。其发源地古希腊的著名雕塑家米隆大约在公元前450年就创作了著名作品《掷铁饼者》。

在古代奥运会上投掷比赛所用的器材是扁圆的石块。

元谋人、蓝田人、北京人、山顶洞人

跑、跳、投的发展历程折射了人类社会发展的进程。可以说，跑、跳、投源于从猿进化到人的过程，而跑、跳、投运动项目的产生则是人类发展的结果。

迄今为止，人们仍无法确定人类出现的时间，但是从考古学家发现的遗迹、化石、文物中可以看到远古时代的人类文明印迹。

史前 → 史前 → 距今约170万年 元谋人 → 史前

1965 年，考古学家在云南元谋县发现两颗直立人牙齿化石，根据古地磁学方法测定，牙齿化石源自一名青年男性，生活年代距今约 170 万年。这是在中国乃至亚洲大陆上已发现的最古老的人类化石。这一发现把我国发现最早人类化石的年代推前了一百多万年。

元谋猿人牙齿化石的发现对研究人类起源与发展有着重大意义。

1963年—1964年，我国考古研究者先后在蓝田县陈家窝发现了一个老年女性下颌骨化石，在公王岭地层中发现一个中年女性头骨化石。对中年女性头骨化石进行修复，复原出一完整的猿人头骨化石。

因化石在蓝田县发现，所以被命名为“蓝田猿人”，简称“蓝田人”。

距今约170万年
元谋人

距今约115万年
蓝田人

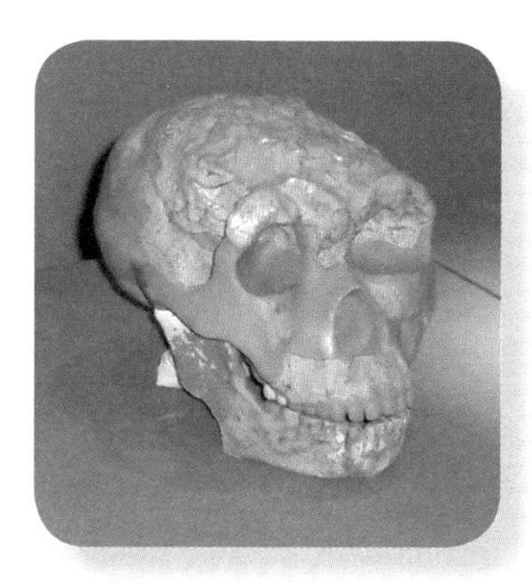

蓝田人，距今约115万年左右。公王岭人的头骨骨壁极厚，脑量小，仅780毫升，左右眉嵴相连，牙齿硕大。

价值与意义

尽管测定蓝田猿人生活年代数据尚不统一，但他们是已发现的亚洲北部最早的直立人。蓝田猿人化石的发现，对探索和考察人类起源具有重大意义。

在蓝田猿人遗址中还发现了用火遗迹，出土了多种用于生产生活的石器和42种动物化石，这对于研究古代的气候变迁和生物进化有非常重要的参考价值。

师丹斯基

安特生

1921 年，瑞典的地质学家安特生和奥地利的古生物学家师丹斯基在北京周口店龙骨山发现了北京人遗址，即现在的周口店北京人遗址。从此拉开了发掘的序幕。

1929 年，我国考古学者裴文中在周口店龙骨山山洞里，发掘出距今约 60 万年前的第一个完整的头盖骨化石，命名为“北京猿人”。

周口店遗址是目前世界上人类化石材料最丰富，植物化石门类最齐全，研究最深入的古人类遗址。

距今约170万年 元谋人 → 距今约115万年 蓝田人 → 距今约70万年—20万年北京人 → 史前

北京人是世界上最重要的原始人类之一，具有前额低平，眉骨粗大、嘴部突出的特征。北京人能够直立行走，能够用石块和兽骨制作简单工具，并已学会使用和保存火种。

山顶洞人洞穴

山顶洞人，是旧石器时代晚期的人类化石，1930年，被发现于北京周口店龙骨山顶部洞中。

在发掘过程中，考古学家发现了3个完整的古人类头骨化石，至少代表8个个体的遗骨化石，以及石器、骨器、角器和饰物。

资料显示，山顶洞人属晚期智人，会取火、采集、狩猎、捕鱼、缝制等生活技能。

山顶洞人

距今约170万年 元谋人

距今约115万年 蓝田人

距今约70万年—20万年北京人

距今约3万年 山顶洞人

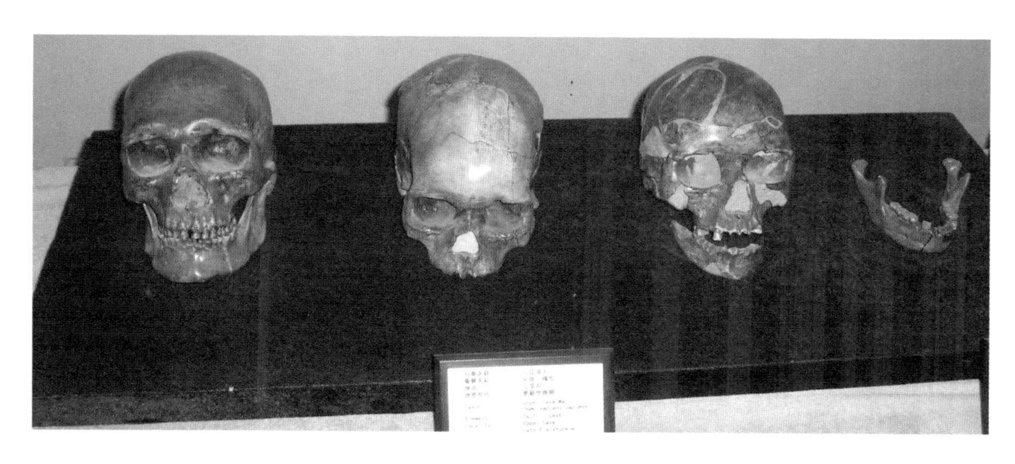

山顶洞人生活年代在学术界有不同观点，科学家新的测定结果显示，其年代距今大约3.4万至2.7万年。山顶洞人特点是头骨的最宽处在顶结节附近，牙齿较小，齿冠较高，下颌前内曲极为明显，下颏突出，脑量已达1300 ~ 1500毫升。山顶洞人男性身高约为1.74米，女性约为1.59米。

人类起源的两种说法

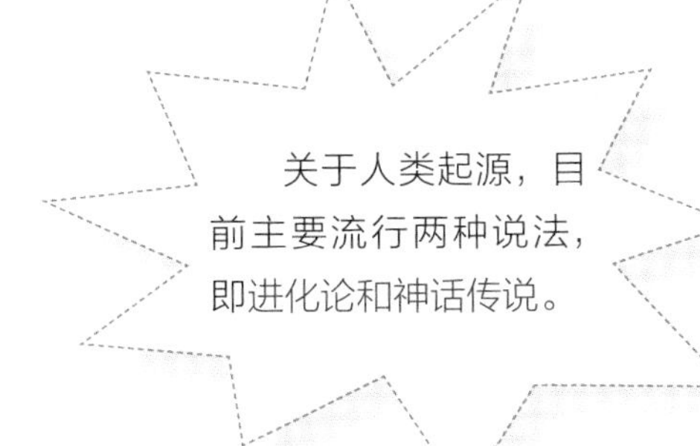

（一）进化论

达尔文的《物种起源》阐述了生物从低级进化到高级的发展规律，提出了人类是生物进化产物的观点。

（二）神话传说

人类起源的另一种解释是神话传说。我国就有很多关于人类起源的神话故事。

中国神话

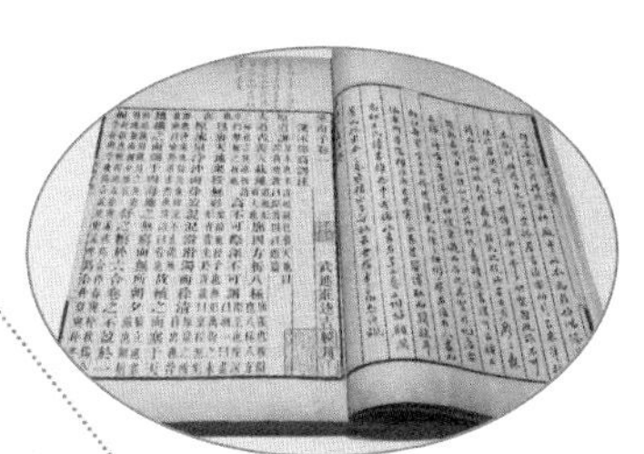

《淮南子·精神训》

“有二神（阴、阳二神）混生，经天营地……类气为虫（混浊的气体变成虫鱼鸟兽），精气为人（清纯的气体变成人）”。

《淮南子·说林训》

“黄帝生阴阳，上骈生耳目，桑林生臂手……。”这种说法是指人类由黄帝所造，然后由其他的神上骈和桑林赋予四肢五官。

羿射九日

相传远古时，东海边有一棵大树叫“扶桑”，树枝上栖息着十只三足乌，也就是东方神帝俊的十个孩子。它们每日一只，轮流上天遨游，放射出光芒，这就是人们看见的太阳。但有时，它们一齐跑到空中，就给人类带来了灾难。森林焚毁，禾苗枯死，大地焦裂，河流干涸。十个太阳挂在空中，人类生存面临威胁。为了拯救人类，帝尧派大羿射十日。大羿张弓搭箭，射下九日，天空出现爆裂的火球，三足乌一只只坠下。最后，天上只留下一个太阳，万物得以生存。

史前 史前 史前 史前

夸父追日

相传远古时，有一年天气酷热。阳光毒辣直射大地，庄稼枯萎，河流干涸。人们酷热难忍，夸父族的很多人死去，首领夸父立志要把太阳摘下来。夸父于是开始追逐太阳。他口渴时喝干了黄河、渭水，继续奔跑，最后渴死在奔向大泽的路上。他的手杖化作桃林，身躯化作夸父山。桃林终年茂盛，为来往的行人遮荫，结出的鲜桃，为辛劳的人们解渴。夸父追日的故事，反映了中国古代先民了解自然、战胜自然的愿望。

原文出自《山海经 · 海外北经》

夸父与日逐走，入日。渴，欲得饮，饮于河、渭；河、渭不足，北饮大泽。未至，道渴而死。弃其杖，化为邓林。

大禹治水

远古时，洪水泛滥，威胁人类的生存。尧帝就派鲧去治理洪水。鲧采用堵塞的办法，结果一无所成。尧之后，舜做了部落首领，又命令鲧的儿子禹去治水。禹汲取了父亲失败的教训，深知用“堵”的办法是行不通的，于是采用了疏导的办法。禹踏遍了闹水灾的九个州，察看地势，探明河道，引水下流。大禹一心治洪，耗尽体力与心血，历时十三年，终于制服了洪水。

（清）谢遂绘《仿唐人大禹治水图》（局部）

盘古开天，女娲造人

很久以前，没有天地，宇宙混沌一团。在混沌的一万八千年中，孕育了一个叫盘古的巨人。一天，盘古醒来，但见周围漆黑一片。他举起巨斧，向着混沌猛劈过去，随着一声巨响，轻清之物上升，谓之天，重浊之物下沉，谓之地。

天地形成后，为了不让它们再重合，盘古就用头顶天，用脚蹬地。天每日高一丈，地每日厚一丈，盘古也随之长高。很多年后，天极高，地极厚，而盘古却累倒了。

盘古的身体发生着变化，眼睛变成了太阳和月亮；头发变成了树木和花草；血液变成了奔流咆哮的江河；肌肤变成了广阔无边的原野……

天地开辟，日月星辰、山川草木、鸟兽虫鱼等万物齐备，就是没有人。这时女娲出现了，她觉得世界太荒凉寂寞，就用黄泥掺和了水，揉捏出了一个娃娃。这个泥娃娃竟神奇地有了生命，喊女娲："妈妈！"女娲给这个"泥娃娃"取名叫作"人"。

后来，她把这些人分为男和女，让他们婚配并繁衍后代。从此，人类就世代绵延下来。

史前 史前 史前 史前

民间歌谣

《盘古开天辟地歌》

盘古开天地，造山坡河流。
划舟来往人，造海来蓄水。
盘古开天地，分山地平原。
开辟三岔路，四处有路通。
盘古开天地，造日月星辰。
因为有盘古，人才得光明。

人类文明的初期，人们大都崇拜神灵，而华夏先祖却从不把生存的希望寄托于神。这些远古神话传说，不仅反映了中华民族的聪明才智及创造力，更是表现了我们中华民族不屈不挠的抗争精神！

史前体育器械

根据考古资料记载及相关研究成果的综合分析，原始体育器械按功能可分为：生活工具、攻防和娱乐三大类。

（一）生活类

石球、刮削器、弩、弋射、矛、镖、舟楫等

石球

石矛

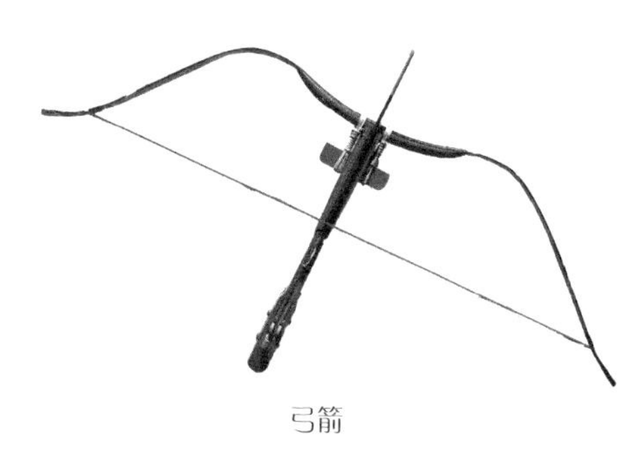
弓箭

舟楫

（二）攻防类

棒、斧、刀、戈、匕首、护臂等

石斧

戈

史前　史前　史前　史前

（三）娱乐类

陶响球、石球、陀螺

陶响球

石球

第二章 射箭、赛马释春秋

前言

春秋战国（公元前770年—公元前221年）

春秋战国时期，社会发生了划时代的变革。奴隶社会消亡，封建社会逐步形成并确立。此时期，铁制农具的使用和牛耕的推广，促使生产力大幅提高，社会经济空前繁荣。文化上百家争鸣，思想大解放。这一切都加快了中国统一的步伐。

由于战争频繁，军事体育得到了较大发展，如射箭、赛马……

射箭、赛马简介

射箭

春秋战国时期，社会动荡，战争频繁，射箭作为军事体育项目得到了蓬勃的发展。

春秋战国 → 春秋战国 → 春秋战国 → 春秋战国

赛马

我国商代晚期就有赛马的记载，到了春秋战国时期，赛马运动已成为流行的健体项目之一。著名的“田忌赛马”，就发生在战国初期。

春秋战国　春秋战国　春秋战国　春秋战国

春秋政治与经济

政治

春秋战国处于奴隶制消亡、封建制确立的大变革时代，周王室基本成了摆设，诸侯争霸，奴隶社会政治制度如分封制、宗法制逐渐被中央集权制所取代，形成了地主和农民阶层，出现了独立的手工业者、商人。

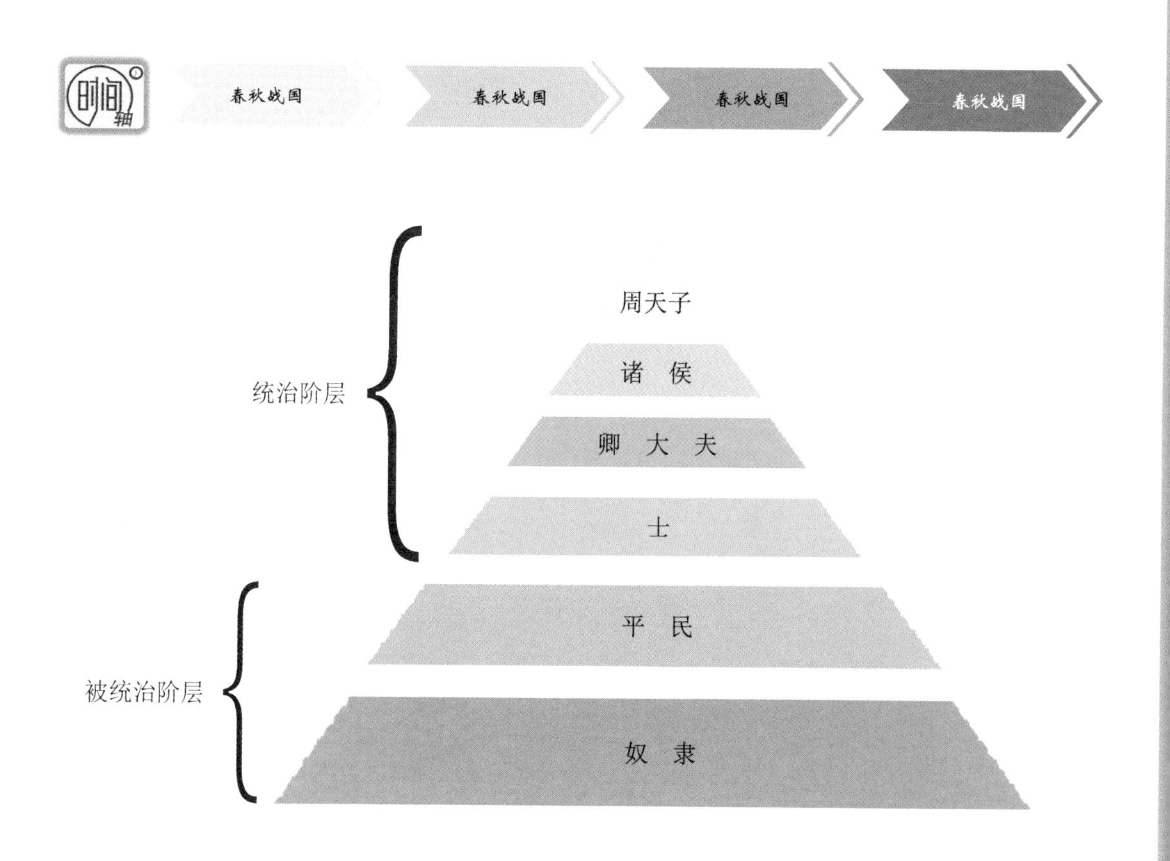

春秋五霸与战国七雄

春秋时期（公元前 770 年—公元前 476 年），周王朝已无力统辖全国，诸侯纷争，兼并战争不断，此时期相继出现号称霸主的五个诸侯：齐桓公、宋襄公、晋文公、秦穆公、楚庄王，史称“春秋五霸”。

战国时期（公元前 475 年—公元前 221 年），长期的兼并战争，使诸侯国不断减少，最终形成七个强大的诸侯国：齐、楚、燕、韩、赵、魏、秦，史称“战国七雄”。其中秦国任用商鞅推行变法，增强了国力，为统一全国奠定了基础。

经济

春秋战国时期手工业空前繁荣。人们开始冶铸生铁，这是生产力发展的一个重要起点。纺织业、漆器制造业、煮盐业等也呈现出前所未有的繁荣景象。其中漆器以楚国所产最为著名，纺织业则以齐、鲁最为发达。农业、手工业的发展带动了商业的兴起，此时期出现了独立富商。

都江堰

都江堰水利工程位于岷江中游。古时岷江流经成都平原，水患长期祸及西川，给当地百姓带来深重灾难。秦昭王时，蜀郡守李冰父子下决心根治水患。他们在前人开凿的基础上组织修建了这一防洪、灌溉的水利工程。经后人屡次扩建，灌溉面积已达 800 多万亩。都江堰是我国古代著名的水利工程，它科学、完整、极富发展潜力，充分体现了我国古代人民的聪明才智和创造力。

春秋文化

百家争鸣

春秋战国时期，社会动荡，战争频繁，给人民带来了深重的苦难，但同时也促进了民族融合，加快了统一的进程。

在这一特殊的历史时期，文化思想领域非常活跃，涌现出孔子、孟子、老子、庄子、墨子等一大批杰出的思想家，他们极力宣扬各自的主张，形成不同的学派，经常进行激烈的辩论，但同时又取长补短、相互交融。历史上把这一时期思想文化上的繁荣局面，称为“百家争鸣”。

老子

老子，姓李，名耳，又称老聃，道家学派的创始人。其代表作《道德经》，是道家学派的经典著作，他提出了一个以“道”为核心的哲学思想体系。

老子的学说后被庄子进一步发展，因此，“老庄”既指老子与庄子，又是“老学”与“庄学”的合称。

老子

（宋）李公麟绘《老子授经图》（局部）

孔子

孔子（公元前551年—公元前479年），名丘，字仲尼，鲁国陬邑（今山东省曲阜市）人，伟大的思想家、教育家，儒家学派创始人。他与弟子曾周游列国，晚年修订六经，即《诗》《书》《礼》《乐》《易》《春秋》。孔子被联合国教科文组织评为“世界十大文化名人”之首。

在中国古代教育史上，孔子占有极其重要的地位。相传孔子有弟子三千，他的教育思想“有教无类”“因材施教”等沿用至今，后人称其为“万世师表”。孔子去世后，其弟子及再传弟子把孔子及其弟子的言行记录下来，整理编成儒家经典《论语》。

孔子

春秋战国 → 公元前551年—公元前479年 → 春秋战国 → 春秋战国

（明）吴彬绘《杏坛讲学图》

名医扁鹊

扁鹊，姓秦，名越人，春秋战国时期名医。因其医术高超，人们用神话中神医扁鹊的名号来称呼他。扁鹊走遍各地为人们解除病痛，内、外、妇、儿各科都很擅长。他结合前人经验，总结出了行医诊断方法：望色、听声、写影和切脉，即后来中医著名的四诊法：望、闻、问、切。扁鹊著有《扁鹊内经》和《扁鹊外经》，但均已失传。

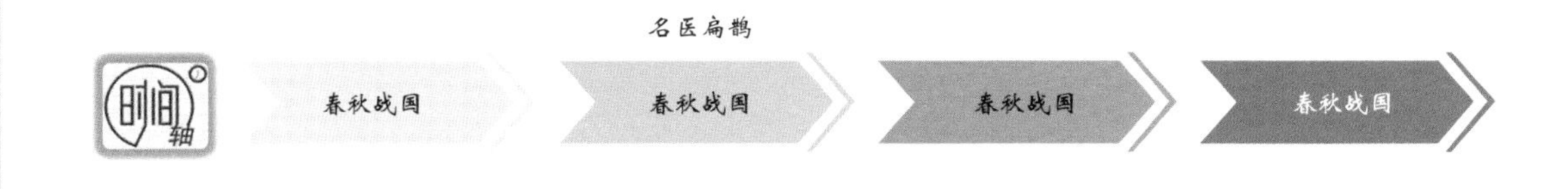

商鞅

商鞅，卫国人，战国时期政治家、思想家，法家代表人物。商鞅起初是魏相家臣，后自魏国入秦，辅助秦孝公变法。他提出了一整套变法求新的发展策略，深得秦孝公的赞赏和信任，并且被委以重用，主持变法。

经过商鞅艰难改革，秦国的国家实力显著增强，为以后秦国统一中国打下了坚实的基础。

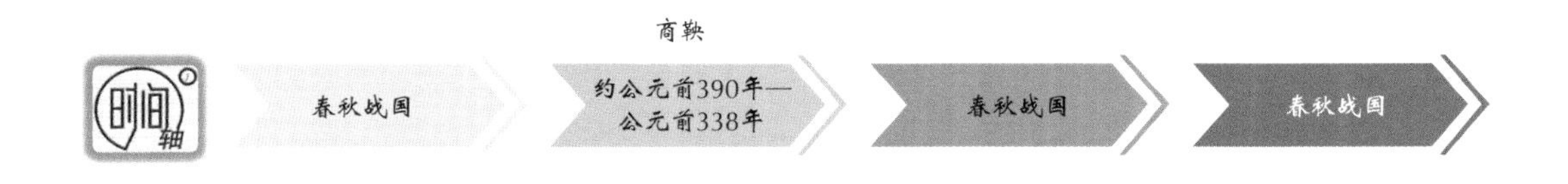

孟子

孟子（约公元前 372 年—公元前 289 年），名轲，邹（今山东邹县东南）人，战国时期的思想家、政治家、教育家，儒家学派的代表人物。

孟子继承和发展了孔子的儒家思想，倡导“仁政”，最早提出“民贵君轻”的思想。他与弟子共同编撰的《孟子》一书，记录了他的治国理念和政治策略。《孟子》与《大学》《中庸》《论语》合称为“四书”。孟子有“亚圣”之称，后世将其与孔子并称为“孔孟”。

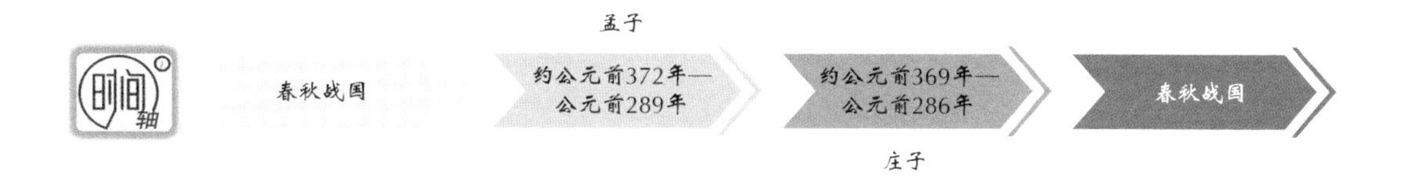

庄子

庄子（约公元前 369 年—公元前 286 年），名周，宋国蒙（今河南商丘东北）人，战国时期伟大的思想家、哲学家。

庄子继承和发展了老子“道法自然”的思想，认为“道”是无限的，强调事物的自生自灭，后人将他与老子并称为“道学之祖”。其代表作《庄子》，是道家经典之一，文笔汪洋恣肆，富有浪漫主义色彩。

墨子

墨子，名翟（dí），相传为宋国人，春秋末战国初著名思想家、政治家，墨家学派创始人。

墨子的主张“兼爱”“非攻”等，在当时影响很大。墨家学说与儒家学说并称“显学”。

墨子是中国历史上的全才之一，他在哲学、数学、物理学、机械制造等方面都有卓越建树。墨家经典《墨子》一书，不仅记载了墨家的主要思想，还涉及政治、军事、哲学、伦理、逻辑、科技等方面内容。

春秋战国 → 约公元前468年—公元前376年 → 春秋战国 → 春秋战国

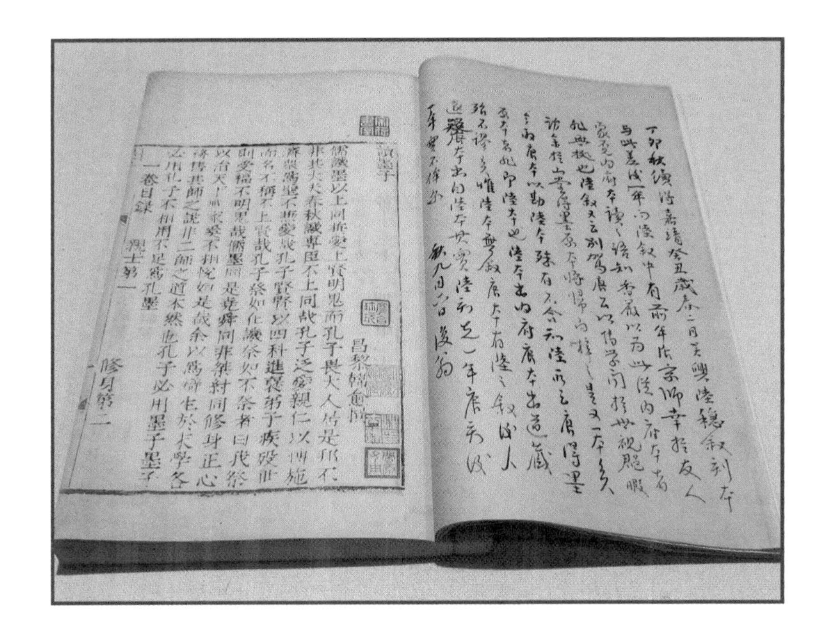

屈原

屈原（约公元前340年—公元前278年），名平，字原，战国时期楚国诗人、政治家。屈原是中国浪漫主义文学的奠基人，他在民间文学的基础上创造出“骚体”这一诗歌新形式，对后世文学创作具有深远影响。其著名作品有《离骚》《九歌》《九章》《天问》等。屈原的出现，标志着中国诗歌开启了由集体创作到个人独创的新时代，他被后人称为“诗魂”。

春秋战国 约公元前340年—公元前278年 春秋战国 春秋战国

韩非

韩非（约公元前280年—公元前233年），战国末期法家代表人物。他吸收了道、儒、墨以及前期法家的思想，形成了以“法”为中心的政治思想体系。他在秦国积极倡导君主专制，为日后秦国建立统一的中央集权制的封建国家提供了理论基础，其代表作有《韩非子》。

春秋战国 约公元前280年—公元前233年 春秋战国 春秋战国

《周易》

《周易》，相传是周人所作。它包罗万象，集卜筮、符号、哲学、伦理为一体，其中的观点与智慧渗透到中国古代各领域，影响了儒家、道家等多个学派。《周易》中的很多语句流传至今，成为现代人熟知的名言警句，如天行健，君子以自强不息。

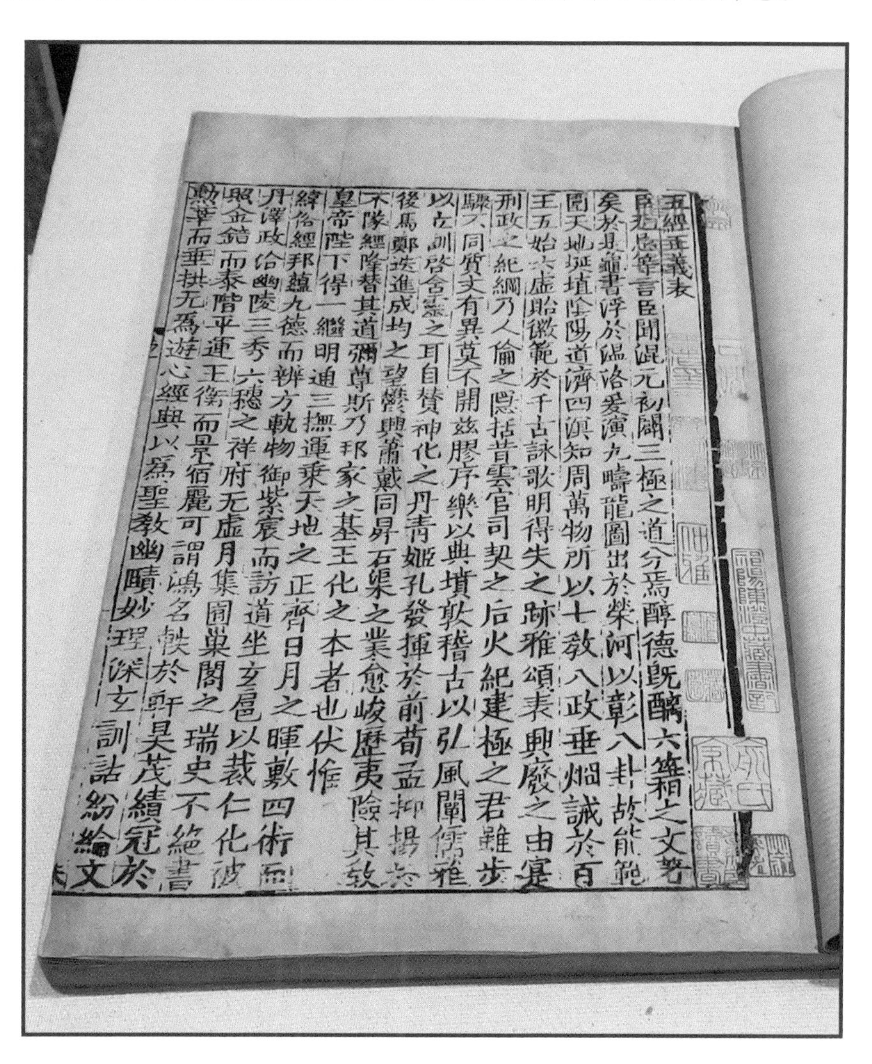
五經正義表
臣無忌等言臣聞混元初闢三極之道分焉醇德既醨六籍之文著
矣於是龍書浮於溫洛爰演九疇龍圖出於滎河以彰八卦故能範
圍天地埏埴陰陽道濟四溟知周萬物所以七教八政垂烱誡於百
王五始六虛貽徽範於千古詠歌明得失之跡雅頌表興廢之由實
刑政之紀綱乃人倫之隱括昔雲官司契之后火紀建極之君雖步
驟不同質文有異莫不開茲膠序樂以典墳敦稽古以弘風闡儒雅
以立訓啓含靈之耳目贊神化之丹青姬孔發揮於前荀孟抑揚於
後馬鄭迭進成均之望鬱興蕭戴同昇石渠之業愈峻歷夷險其致
不隊經隆替其道彌尊斯乃邦家之基王化之本者也伏惟
皇帝陛下得一繼明通三撫運乘天地之正齊日月之暉敷四術而
緯俗經邦蘊九德而辨方軌物御紫宸而訪道坐玄扈以裁仁化被
丹澤政洽幽陵三秀六穗之祥府无虛月集囿巢閣之瑞史不絕書
照金鏡而泰階平運玉衡而景宿麗可謂鴻名軼於軒昊茂績冠於
勳華而垂拱无爲遊心經典以爲聖教幽賾妙理深玄訓詁紛綸文

《诗经》

《诗经》是我国文学史上最早的一部诗歌总集，收录了自西周初年至春秋中期（前 11 世纪至前 6 世纪）约五百年的诗歌三百余篇，被儒家尊为经典，故称《诗经》。《诗经》从音乐上分为“风、雅、颂”，从表现手法上分为“赋、比、兴”，较全面地反映了当时的社会风貌。

《诗经》从内容、形式以及创作精神等方面，对中国文学发展史产生了深远的影响。

春秋战国 → 西周初年至春秋中期大约五百多年 → 春秋战国 → 春秋战国

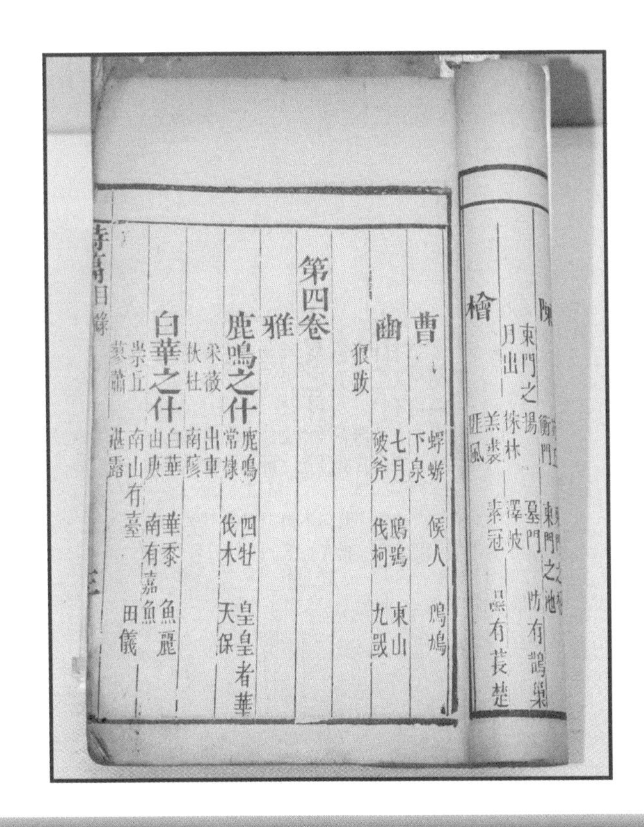

《战国策》

《战国策》是一部国别体史学著作，主要记录战国时游说之士（纵横家）的政治主张和游说策略，展示了战国时期的社会风貌和时代特点。

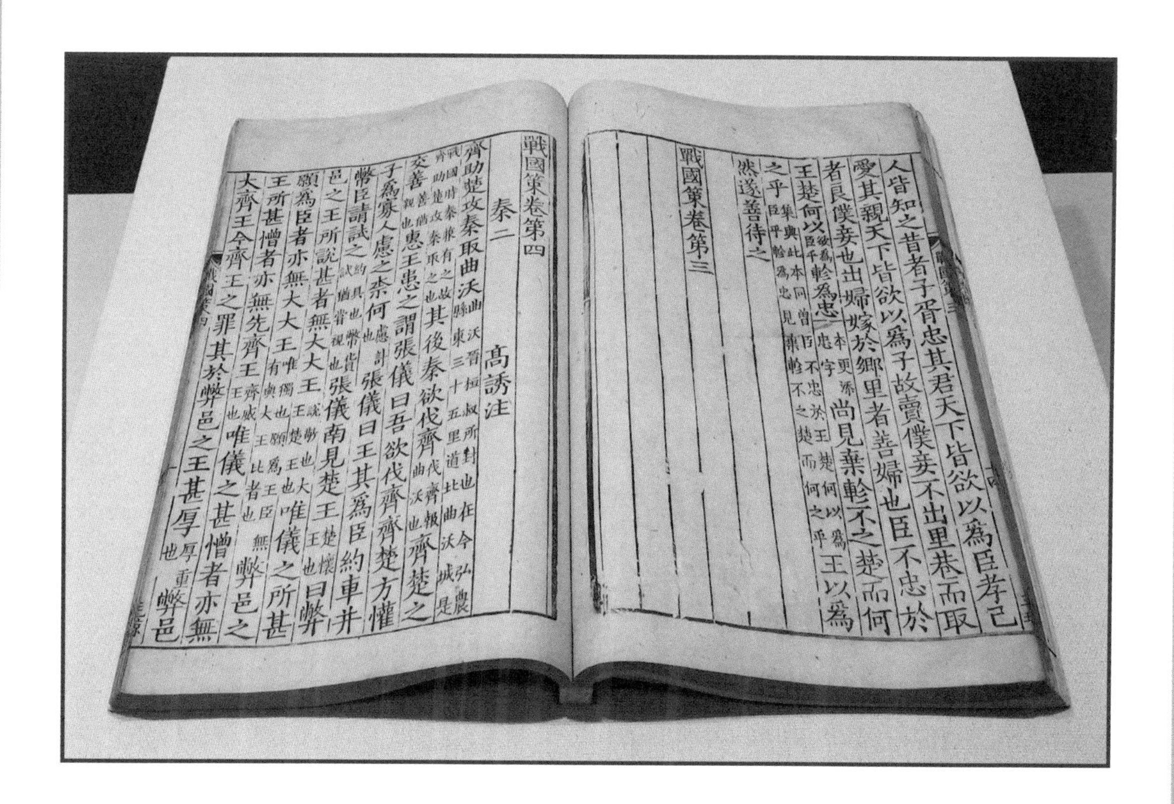

《论语》

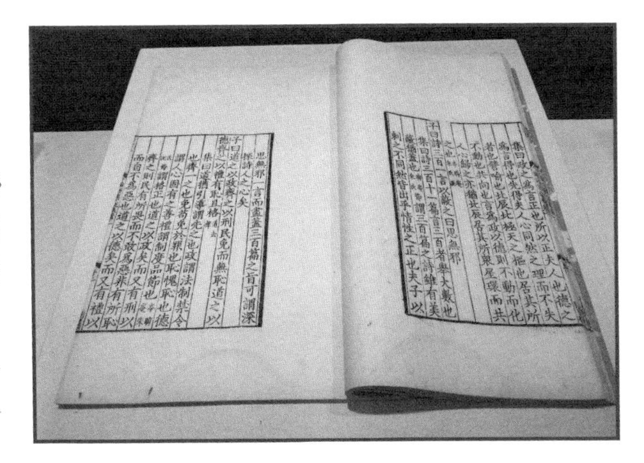

《论语》是儒家学派的经典著作，由孔子的弟子及再传弟子编撰而成，记录了孔子及其弟子的言行。《论语》与《大学》《中庸》《孟子》合称“四书”，是研究孔子和儒家思想的主要资料。

《论语》的语言简洁精练，含义深刻，其中的许多言论至今仍被世人奉为至理。

春秋战国 春秋战国 春秋战国 春秋战国

《孙子兵法》

《孙子兵法》相传是春秋末期孙武所作，是中国古代现存最早、最著名的兵法专著。全书共 13 篇，揭示了战争的规律，总结出许多实用的作战原则，如“知己知彼，百战不殆”等。

《左传》

《左传》是我国第一部叙事详细的编年体史书，相传是春秋末年鲁国史官左丘明所编，书籍记载了春秋时代的鲁国历史，还保存了许多文化、科学等方面的珍贵史料。《左传》思想深邃，文风朴厚，内容丰富，无论在史学还是文学方面，都是中国文化重要的典籍之一。

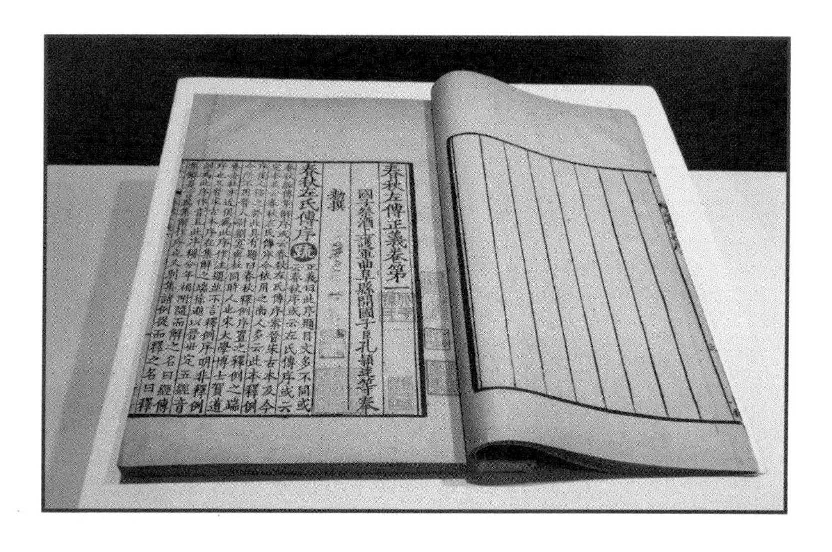

春秋战国 春秋战国 春秋战国 春秋战国

《黄帝内经》

《黄帝内经》成书约战国时期，由《素问》和《灵枢》两部分构成，是我国古代重要的医学典籍，也是中医学理论的奠基之作。

《黄帝内经》的内容包括生理学、病理学、诊断学、药物学及治疗原则，该书还提出“天人合一”“不治已病治未病”等观念，奠定了中国传统养生学的基础。

春秋经典典故

卧薪尝胆

春秋时，越国被吴国击败，越王勾践成为吴王的奴仆。勾践忍辱负重，假装顺从，吴王上当。勾践返国后，睡在柴草上，门悬苦胆，每天都尝，不忘灭国之耻。十年积聚使越国国富兵强，勾践率兵灭掉了吴国，又乘胜进军，最终成为春秋末期的一代霸主。

成语“卧薪尝胆”形容一个人刻苦自励，立志雪耻图强。

苛政猛于虎

有一天，孔子从泰山脚下经过，见有个妇人在坟前痛哭。孔子就让学生去问原因。妇人诉说：“我的公公被老虎咬死了，后来丈夫也被老虎咬死，如今儿子又死在老虎的口中。”孔子问她：“既然这里虎患严重，你为什么不搬家离开这里呢？”妇人回答说：“因为这里没有残暴的政令啊。”孔子听完感慨万分，就对学生说：“小子识之，苛政猛于虎也。”意思是苛刻残暴的政令比老虎还要凶猛可怕。

一鸣惊人

春秋时期，楚庄王即位三年，沉迷享乐，不问国事。大臣伍举问楚庄王："我国有一只神鸟，五彩罩身，可它一停三年，不飞不鸣，不知是什么鸟？"楚庄王说："这鸟不普通，它三年不飞不鸣，是为了了解民情民意，待羽翼丰满，一飞即冲天，一鸣要惊人。你的意思我明白了。"从此，他勤于政务，把楚国治理得很强大。楚庄王也成为春秋五霸之一。

成语"一鸣惊人"比喻平时没有特殊的表现，一干就有惊人的成绩。

春秋战国　春秋战国　春秋战国　春秋战国

胡服骑射

战国时期，北方胡人身穿短衣、长裤，骑马作战便利灵活。赵国国君赵武灵王发现中原人的服装有缺陷，长袍、大褂、宽袖口，甲胄笨重，骑马作战十分不便，交战中常处于不利地位，就决心进行改革。他下令让士兵改穿游牧民族的服装，学习骑马射箭。赵武灵王"胡服骑射"的改革取得了成功，军队作战实力大增，国力日益强盛，赵国终成为"战国七雄"之一。

纸上谈兵

战国时期，赵国大将赵奢的儿子赵括，从小学习兵法，谈论用兵打仗头头是道。赵奢深知儿子只会纸上谈兵，若真带兵打仗必败。后来，秦国派名将白起讨伐赵国，大将廉颇率军在长平与之相峙。白起散布最怕赵括的谣言，赵王中计，撤下廉颇，换赵括为将。蔺相如等人强烈反对，但赵王不听。结果长平之战，赵军四十余万将士被杀。赵国遭受重创，后被秦国灭掉。

成语“纸上谈兵”比喻不联系实际情况，空发议论。

田忌赛马

战国时期，齐国将军田忌喜欢赛马，常与齐王比赛并设重金赌注。马分成上、中、下三等，齐王的马在每个等级都占优势，两人用同等级的马进行比赛，田忌的马自然不敌，比赛常输。这天田忌请来孙膑做参谋，孙膑经过观察思考，让他放心大胆去下注。田忌听从了孙膑的建议，调整了赛马的出场顺序，用下等马对齐王的上等马，用上等马对齐王的中等马，用中等马对齐王的下等马，最终田忌以一败两胜的战绩获胜，顺利赢取齐王的千金。

负荆请罪

战国时，赵国大臣蔺相如因“完璧归赵”有功，官拜上卿。大将廉颇不服：自己出生入死，战功赫赫，蔺相如以口舌之劳官职就高于我，见面必辱之！蔺相如得知后，每遇廉颇，就主动避让。蔺相如的手下不明白其中原因，蔺相如说：“他国不敢攻打赵国，就是因为有我和廉颇文武守卫。我避让他是把国家安危放在首位，个人恩怨又算什么呢。”廉颇得知，惭愧万分，就脱下战袍，背负荆条，到蔺相如家请罪。从此，将相和好，齐心协力，保家卫国。

成语“负荆请罪”表示主动向对方承认错误，请求责罚。

围魏救赵

围魏救赵是三十六计中著名的一计。战国时，魏国出兵包围了赵国都城邯郸，齐国以田忌为帅、孙膑为军师前往救援。田忌想去赵国邯郸解围，孙膑建议：不如先去攻打魏国都城大梁，魏军必定回师解救，这样赵国的危机自然化解。魏军忙于奔波，也就给了我们攻击他的机会。田忌依计而行。不出所料，闻听大梁被围，魏军立即回援，齐军在半路伏击，魏军措手不及，损失惨重。围魏救赵之计，不仅彻底解了赵国之围，齐国实力也得到进一步增强。

春秋体育

• 射箭

春秋战国时期群雄争霸，战争频发。弓箭具备远程进攻的优势，成为军队必备武器，在战争中起着决定性的作用。相传楚国将领养由基是春秋第一神箭手，他百步之外能射穿指定的杨柳叶，还能一箭射穿七层铠甲。成语“百发百中”“百步穿杨”都是赞扬养由基高超的箭术。射箭这一技艺在民间也逐渐流行起来，成年男子不会射箭会被视为耻辱。

春秋战国　春秋战国　春秋战国　春秋战国

• 剑术

剑被称作“百刃之君”，在古代用于近战刺杀和劈砍。

春秋战国时期，诸侯之间争战不断，军事武术发展迅速。剑作为近战武器，优势尽显，使用非常普遍。当时剑术理论也有了进一步发展。《吴越春秋》中记述的越女论剑，揭示了剑术中蕴涵的哲理：“其道甚微而易，其意甚幽而深。道有门户，亦有阴阳。开门闭户，阴衰阳盛。”

• 举鼎

战国时期，习武之风盛行，崇尚力量的举鼎活动，风行一时。传说秦武王身高体壮，孔武有力，酷爱举鼎，还把秦国许多大力士都提拔为官，专门陪他一起举鼎。一天秦武王出巡洛阳，看见大禹留下的九鼎，就问身边的人：“谁能举起殿前的大鼎？”无人敢尝试，秦武王亲自举鼎，结果因逞强骨折而亡。

春秋战国 → 春秋战国 → 春秋战国 → 春秋战国

• 投壶

春秋战国时，王公贵族宴请宾客，有个从西周延续下来的礼仪——射礼。如果不会射箭或射箭受到场地等条件限制，宾客就象征性地把箭矢投入壶中。后来投壶代替了射箭，成为宴会上休闲娱乐的游戏。

投壶活动从容安静、养志游神、讲究礼节，非常符合文人雅士的需要。随着社会的发展，投壶在民间也普遍开展起来。

第三章 足球、摔跤在秦汉

前言

秦汉（公元前 221 年—公元 220 年）

秦始皇结束了先秦分裂割据的局面，建立了中国历史上第一个中央集权制的统一王朝，政治稳定，民族融合，经济繁荣，科技与文化取得较大发展。

蹴鞠是世界上最早的足球运动，秦汉时期得以迅速发展，出现了相应完备的比赛规则和专门场地；角抵，后又称为相扑、摔跤，既是军队训练的重要手段，也是民间的娱乐和竞技活动；同时投壶、射箭、赛马等也都非常流行。

足球、角抵简介

■ 足球

战国时期就有蹴鞠游戏，到了汉代，已成为士兵训练的一种手段。随着社会的不断发展，蹴鞠游戏逐渐演变为一项运动，有专门场地和球门，有相应完备的规则，并且以踢进对方球门多少决定胜负。之后进一步发展为足球运动。

如今，国际足联正式确认足球起源于中国的蹴鞠。

秦汉时期

秦汉时期

秦汉时期

秦汉时期

■ 角抵

角抵（亦称相扑、争交、摔跤），可以追溯到远古兽角民俗文化，是古代人心目中勇敢、力量的象征。

秦始皇统一六国后，为巩固自己的统治，下令销毁兵器，严禁民间习武，却将角抵作为娱乐形式保留下来，并在宫廷、民间推广。

到了汉代，角抵活动得到更进一步的发展，规模宏大，内容丰富多彩，成为一种广受欢迎的娱乐活动。

据《述异记》记载，上古时的蚩尤民族"耳鬓如剑戟，头有角，与轩辕斗，以角抵人，人不能向。"

秦汉政治与经济

■ 秦朝政治

秦始皇（公元前259年—公元前210年），即嬴政，秦庄襄王之子，13岁即位。他亲政后，积极招揽人才，谋划统一大业。公元前230年，秦国开始了统一全国的战争，先后灭掉了韩、赵、魏、楚、燕、齐六国。公元前221年，秦始皇建立了中国历史上第一个统一的封建王朝——秦朝。

挥剑决浮云，诸侯尽西来。

——李白《秦王扫六合》

秦始皇统一中国，结束了社会长期动荡的分裂局面，建立了中国历史上第一个统一的多民族封建王朝，创立了大一统的中央集权制度，奠定了中国两千多年封建政治制度的基本格局。

秦汉时期 | 公元前259年—公元前210年 | 秦汉时期 | 秦汉时期

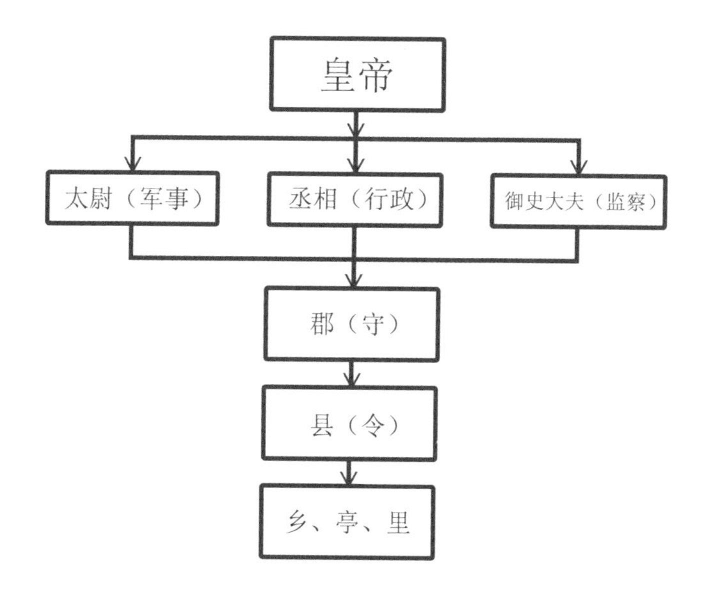

秦朝的政治建制示意图

■ 汉朝政治

秦朝灭亡后，项羽和刘邦展开了长达四年的“楚汉之争”，最终刘邦打败项羽，取得了最后的胜利。公元前 202 年，刘邦在长安称帝，建立汉朝，史称西汉，刘邦即为汉高祖。西汉初年，经济萧条、民生凋敝，汉高祖采取休养生息的政策，重视农业生产，轻徭薄赋，经济逐渐恢复，社会日益安定。

汉高祖——刘邦

秦汉时期

公元前256年—公元前195年

秦汉时期

公元前156年—公元前87年

汉武帝刘彻（公元前 156 年—公元前 87 年），其在位期间，政治上加强中央集权，颁布了推恩令；思想上罢黜百家、独尊儒术；经济上实行盐铁专卖、均输平准；军事上北击匈奴、巩固边界。西汉王朝开始进入鼎盛时期。

■ 抗击匈奴

秦汉时期，北方匈奴频频犯境。为此，秦汉两朝均对匈奴进行了防御和打击。秦始皇修筑长城抵御匈奴等的入侵，汉武帝则组建强大的骑兵队伍，进行大规模反攻。其间涌现出了卫青、霍去病和李广等一批名将。公元前 119 年的漠北战役，是抗击匈奴的关键一战。

公元 89 年，汉将窦宪率 5 万骑兵，自鸡鹿塞出发，击北匈奴。上图为鸡鹿塞遗址（今内蒙古巴彦淖尔磴口）

■ 秦朝经济

秦朝统一全国后，政治上创立了中央集权制度，地方实行郡县制。同时，统一货币和度量衡，书同文、车同轨。这些措施进一步巩固了国家的统一。

秦汉时期 秦汉时期 秦汉时期 秦汉时期

■ 汉朝经济

汉朝农业和手工业快速发展，铁质农具普遍使用，漆器成为重要的工艺品。东汉时期，蚕桑养殖在长江流域得到推广，“五铢钱”成为稳定货币。两汉与西域的贸易往来频繁，其中最著名的丝绸之路促进了两汉与亚欧各国的交往。

■ 丝绸之路

丝绸之路，起点是汉朝首都长安（今西安），经甘肃、新疆，到中亚、西亚，并连接地中海各国。通过这条道路，中国的丝绸、漆器等物品以及开渠、铸铁等技术传入西域；西域的香料、乐器等传入中原。这条沟通欧亚的陆上交通道路，就是著名的丝绸之路。丝绸之路是古代连接东西方的交通大动脉，极大地促进了东西方经济文化的交流。

秦汉科技与文化

青铜马车

秦汉科技文化发展迅速，出现了许多领先于世界的科技文化成果，如青铜马车、《九章算术》、地动仪、蔡侯纸、麻沸散等。在医学上，《伤寒杂病论》被历代医家奉为经典。西汉司马迁撰写的《史记》，是中国古代第一部纪传体通史，对中国史学发展产生了深远影响。

秦汉时期 → 秦汉时期 → 秦汉时期 → 秦汉时期

浑天仪

九章算術細草圖說

語鴻堂藏板

嘉慶庚辰新鐫

鴻文堂發兌

九章算術細草圖說序

莫若作四元玉鑑序謂河洛圖書泄其秘黃帝九章著之書其章有九其術則二百四十有六始方田終句股包括三才旁通萬有凡言數者莫得而逃焉唐立明算科九章海島共限習三年試九章三條海島一條不特陳其數且欲明其義也自時厥後算科既廢習亦不彰近時以算名者如王寅旭梅定九諸君子咸未之見迨吾宗東原氏與修四庫全書從永樂大典中錄出一刻於曲阜孔氏再刻於常熟屈氏而古學復興然未及盡求其解也鍾祥李雲門先生博

秦朝科技与文化

■ 秦始皇兵马俑

秦兵马俑是我国古代雕塑艺术的巅峰之作。工匠们以现实生活为基础，所塑兵俑千人千面，神态各异，栩栩如生。从皇陵中兵马俑排列的军阵，能感受到当年秦军横扫六国的威武雄姿。秦始皇兵马俑被誉为“世界第八大奇迹”，列入《世界文化遗产名录》。

秦汉时期　秦汉时期　秦汉时期　秦汉时期

■ 万里长城

长城修筑的历史可上溯到西周时期。秦始皇统一中国后，为抵御北方侵略，动用近百万民夫，将断续的防御工事连接起来，形成了一个完整的防御系统。明朝是最后一个大修长城的朝代，今天人们所看到的长城多是此时修筑。

秦汉时期　秦汉时期　秦汉时期　秦汉时期

秦朝实行文化专制，加强思想控制。

秦汉时期 秦汉时期 秦汉时期 秦汉时期

汉朝科技与文化

■ 汉服

汉服即汉民族传统服饰，也叫汉衣冠、华服。周朝已经有了定型，在秦朝得到了进一步完善，经过汉朝的继承发展，最终形成了较为完备的冠服体系。

曲裾深衣

女子曲裾深衣

男子曲裾深衣

■ 文化

在汉朝，道教的兴起和佛教的传入，对我国思想文化、文学艺术以及建筑雕塑、民间风俗都产生了深远影响。

董仲舒

董仲舒

董仲舒（公元前179年—公元前104年），广川（河北景县）人，西汉哲学家，今文经学大师。他提出的“罢黜百家，独尊儒术”等主张，被汉武帝采纳，使儒家思想的统治地位在汉代得以确认。儒学逐渐成为中国封建社会的正统思想，有效地维护了封建王朝的统治。

秦汉时期 → 约公元前179年—公元前118年 → 公元前179年—公元前104年 → 秦汉时期

司马相如

司马相如（约公元前179年—公元前118年），字长卿，蜀郡成都（今属四川）人，西汉辞赋家，后人称之为“辞宗”“赋圣”。

司马相如的代表作品《子虚赋》，散韵相间，辞藻华丽，极富铺陈夸张，是汉赋成熟的标志。

司马迁

司马迁，字子长，夏阳（今陕西韩城南）人，西汉时期伟大的史学家、文学家和思想家。司马迁创作了中国第一部纪传体通史《史记》，该书记载了从黄帝到汉武帝时期3000多年的历史。《史记》既是一部不朽的历史著作，又是一部优秀的文学作品，被鲁迅誉为“史家之绝唱，无韵之离骚”。

秦汉时期　秦汉时期　秦汉时期　秦汉时期

张骞

张骞，字子文，汉中城固（今陕西省城固县）人。建元二年（公元前139年），张骞奉汉武帝之命，前往西域，联合大月氏抗击匈奴。其间他历尽千难万险，辗转西域各国，终于完成使命。张骞此次出使，历时十三年，打通了汉朝通往西域的道路，即赫赫有名的“丝绸之路”，促进了汉朝与西域各国的政治经济往来。

班固

班固（32 年—92 年），字孟坚，扶风安陵（今陕西咸阳）人，东汉著名史学家、文学家。他奉旨修史，在其父班彪所撰《史记后传》的基础上，历时二十余年，终于修成我国第一部断代体史书——《汉书》。

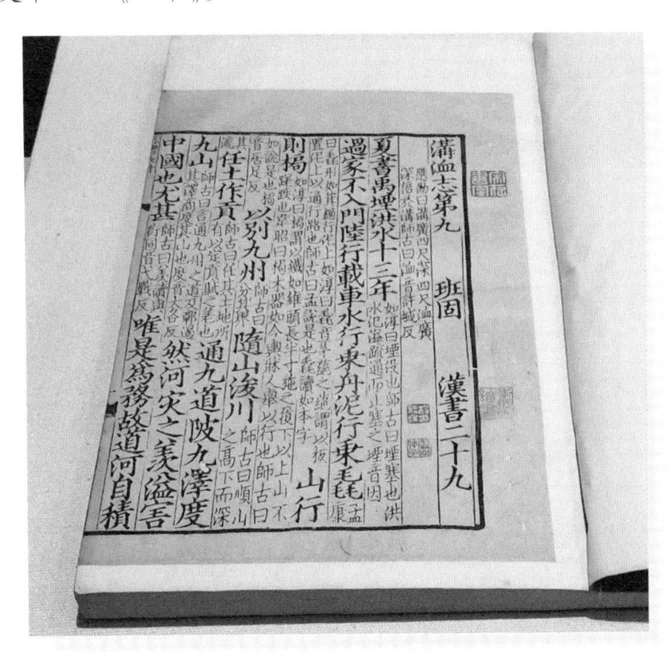

溝洫志第九　班固　漢書二十九

應劭曰溝廣四尺深四尺洫廣深倍於溝師古曰洫音許域反

夏書禹堙洪水十三年如淳曰堙沒也師古曰堙塞也洪水氾溢疏通而止塞之堙音因過家不入門陸行載車水行乘舟泥行乘毳孟康曰毳形如箕擿行泥上如淳曰毳音茅蕝之蕝謂以板置泥上以通行路也師古曰孟說是也毳讀如本字山行則梮如淳曰梮謂以鐵如錐頭長半寸施之履下以上山不蹉跌也韋昭曰梮木器如今轝牀人轝以行也師古曰如說是也梮音居足反以別九州師古曰分其界隨山浚川師古曰順山之高下而深其流任土作貢師古曰任其土地所有以定貢賦之差也通九道陂九澤度九山師古曰言通九州之道及鄣遏其澤商度其山也度音大各反然河災之羨溢害中國也尤甚師古曰羨讀與衍同音弋戰反唯是為務故道河自積

秦汉时期 → 32年—92年 → 约45年—约117年 → 秦汉时期

班昭

班昭（约 45 年—约 117 年），又名姬，字惠班，班固之妹，扶风安陵（今陕西咸阳东北）人，东汉史学家。班昭因嫁同郡曹世叔为妻，亦称“曹大家”。她曾奉命续撰班固的《汉书》遗稿，代表作有《东征赋》《女诫》。

蔡伦

蔡伦，字敬仲，东汉桂阳（今湖南耒阳）人。蔡伦总结前人经验，进一步改进造纸工艺。他用破布、树皮等廉价原料造纸，实用且易于推广。此后纸成为主要的书写材料，被人们普遍使用。

蔡伦的造纸术是中国古代“四大发明”之一，为人类文明的发展做出了重大贡献。

秦汉时期 秦汉时期 秦汉时期 秦汉时期

汉代造纸工艺流程图

张衡

张衡（公元78年—公元139年），字平子，汉族，南阳西鄂（今河南南阳市）人。张衡是东汉时期重要的科学家、文学家。他改进了西汉落下闳发明的浑天仪。他发明的候风地动仪是世界上最早测定地震方位的仪器。

秦汉时期 | 公元78年—公元139年 | 秦汉时期 | 秦汉时期

地动仪模型

华佗

华佗，字元化，汉末沛国谯（今安徽亳州）人，东汉末年名医。华佗擅长外科，精于手术。他发明了“麻沸散”，还编创了“五禽戏”，模仿虎、鹿、熊、猿、鸟五种动物的活动姿态，引导人们强身健体。

张仲景

张仲景，名机，字仲景，南阳郡（今河南南阳市）人，汉末医学家。他虚心求教，广收药方，结合临床实践，编写了《伤寒杂病论》一书，对中医药学的发展做出了重大贡献。张仲景被后人誉为“医圣”。

秦汉时期 秦汉时期 秦汉时期 秦汉时期

《九章算术》

《九章算术》成书于东汉前期，该书经历多个年代，由不同学者增补修订，是中国第一部数学专著。

作为一部应用数学著作，它密切联系实际，解决人们生产生活中的数学问题，许多问题的解法和运算都是世界数学史上的首创。《九章算术》的出现，标志着我国古代数学体系的形成，对世界数学史也产生了重大影响。

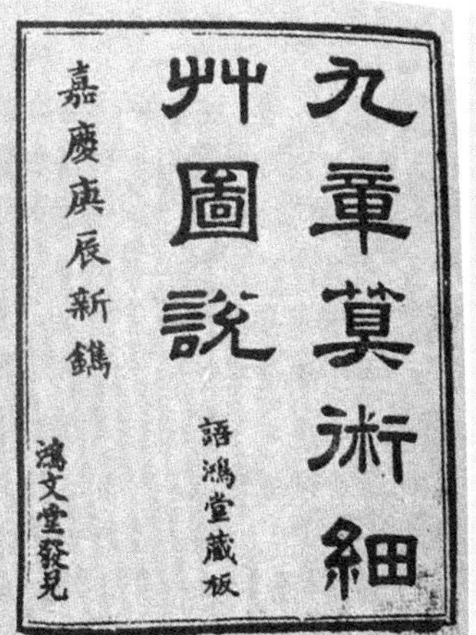

九章算術細艸圖說

嘉慶庚辰新鐫

語鴻堂藏板

鴻文堂發兑

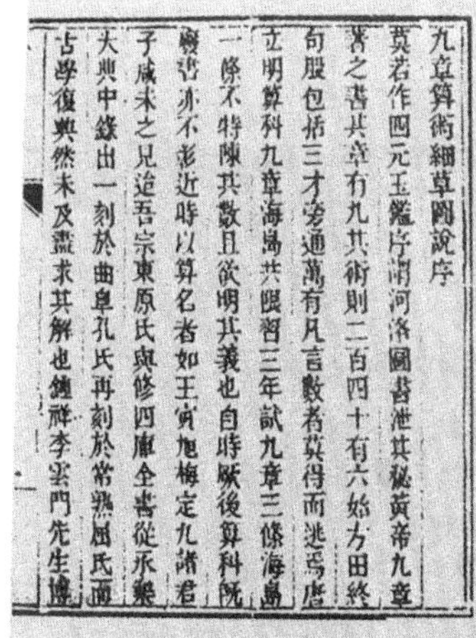

九章算術細草圖說序

莫若作四元玉鑑序謂河洛圖書泄其秘黃帝九章

著之書其章有九其術則二百四十有六始方田終

句股包括三才旁通萬有凡言數者莫得而逃焉唐

立明算科九章海島共限習三年試九章三條海島

一條不特限其數且欲明其義也自時厥後算科既

廢習亦不彰近時以算名者如王寅旭梅定九諸君

子咸未之見迨吾宗東原氏與修四庫全書從永樂

大典中錄出一刻於曲阜孔氏再刻於常熟屈氏而

古學復興然未及盡求其解也鍾祥李雲門先生

秦汉经典典故

指鹿为马

秦二世时，宦官赵高觊觎秦朝天下，又怕别人不服，就想做个试验。一天上朝，他牵来一头鹿，却对秦二世说要献给他一匹马。秦二世笑道，那明明是鹿嘛。赵高就让群臣确认，结果有一半人迎合赵高说是马。事后，那些忠实的大臣都被赵高陷害了。从此，群臣都惧怕赵高，没人再敢违背他。成语“指鹿为马”比喻颠倒是非。

破釜沉舟

秦末，反秦义军被秦军包围在巨鹿（今河北平乡西南），项羽奉楚怀王之命前去救援。面对强大的秦军，项羽毫不畏惧。渡过漳河后，他让士兵饱餐了一顿，带好三天干粮，然后下令：把渡船（舟）凿穿沉入河里，把做饭的锅（釜）砸碎。以此表示有进无退的决心。经过多次激战，项羽打败秦军，解了巨鹿之围。

成语“破釜沉舟”比喻下定决心，不顾一切。

公元前 207 年，项羽率义军渡漳水，“破釜沉舟”大败围攻巨鹿之秦军主力。上图为巨鹿之战遗址（今河北平乡西南）。

鸿门宴

公元前206年，刘邦入关灭秦，派军驻守函谷关，阻项羽西进。项羽率大军破函谷关，屯兵鸿门（今陕西临潼东北），准备攻打刘邦。刘邦畏惧，用张良之计，交好项羽叔父项伯，请求说和，并亲自到鸿门赔罪。宴会上，范增命项庄以舞剑为名刺杀刘邦，项伯急忙拔剑掩护。刘邦部将樊哙闯入护卫，刘邦借机逃脱。“鸿门宴”后指居心叵测、暗藏杀机的宴会。

苏武牧羊

苏武（公元前140年—公元前60年），字子卿，汉族，杜陵（今陕西西安）人。公元前100年，苏武奉命持节出使匈奴被扣押。面对百般劝降，苏武终不屈服，后被囚禁于大窖，断食断水，靠喝雪水和吃符节上的旃（zhān）毛为生，也绝不投降。匈奴人没办法，把他押到北海，威胁他只有公羊产子才能放他回去。苏武不改其志，手持汉朝符节，在北海边牧羊十九年。始元六年（公元前81年），才获释回到汉朝。

昭君出塞

王昭君名嫱，字昭君，元帝时被选入宫。公元前33年，为寻求大汉支持，匈奴呼韩邪单于向汉朝称臣并求和亲。王昭君自请出嫁匈奴，被封为“宁胡阏氏”（王后）。昭君出塞，给匈奴人带去了中原的文化和生产技术，对增进汉朝与匈奴的友好交往，起到了积极的作用。“昭君出塞”成为千古流传的一段佳话。

头悬梁

孙敬是东汉时期著名的政治家。他年轻时读书非常勤奋，从早到晚闭门苦读，废寝忘食。学习时间长了，疲倦不堪，困得直打瞌睡。为了不耽误读书，他想出了一个办法，把头发扎起来，用绳子悬挂在房梁上。学累了打盹时，一低头，绳子就会扯痛头皮，人立刻就清醒了，接着再继续读书。通过勤奋学习，他终于成为一位大学问家。

黄巾起义

东汉末年，宦官专权，公元 184 年，太平道首领张角，领导了一场有组织、有计划的农民起义。起义军黄巾裹头，被称为“黄巾军”，他们提出了“苍天已死，黄天当立，岁在甲子，天下大吉”的口号。黄巾军破州郡，烧官府，杀官吏，天下响应。这次起义沉重地打击了东汉王朝的统治。

公元 184 年，黄巾军波才部围攻汉军皇甫嵩部于长社，因结草为营，为汉军火攻所破。上图为长社遗址（今河南长葛东北）。

孔融让梨

孔融（公元 153 年—公元 208 年），字文举，鲁国（今山东曲阜）人，是孔子的二十世孙，东汉末期文学家。相传孔融四岁时，家中吃梨，父亲特意让孔融先挑，他拿了个最小的。父亲问他原因，他说：“我是弟弟，要把大的让给哥哥吃”。父亲又问：“弟弟不是比你更小吗？”他又说：“我是哥哥，要把大的留给弟弟吃。”父母听了很高兴。后人用这个故事教育孩子要遵守公序良俗，遇事要谦让。

秦汉时期 → 公元153年—公元208年 → 公元200年 → 秦汉时期

官渡之战

公元 200 年，曹操和袁绍两大军事集团在官渡（今河南中牟东北）展开决战。曹操实力不及袁绍，利在速战。恰逢袁绍的谋士许攸投曹，献计焚毁袁军的囤粮之所——乌巢。曹操即亲率精兵烧毁了袁绍的粮仓，又集中优势兵力击溃敌军主力，重创袁绍。官渡一战为曹操统一北方打下基础。

官渡之战的战场遗址（今河南中牟东北官渡桥村）。

赤壁之战

公元208年，曹操率兵南下，欲扫平江东，统一全国。孙权和刘备决定联合作战，迎击曹军，双方在赤壁（今湖北省赤壁市）对峙。针对曹军不习水战并将战船绑在一起的弱点，周瑜依黄盖之计，由黄盖向曹操诈降，并率领战船火烧赤壁，曹军大败而还。赤壁之战初步奠定了三国鼎立的基础，成为中国历史上以少胜多的著名战役。

夷陵之战

公元221年，江东孙权以吕蒙为将，夺取荆州，击杀关羽。刘备大怒，发兵东吴，为关羽报仇。东吴派陆逊率兵迎战。陆逊面对兵势强大、求胜心切的蜀军，果断决定战略撤退，积极防御，坚守不战。公元222年，由于久攻不下，蜀军将士疲惫懈怠，后勤保障也逐渐出现问题。陆逊抓住战机，在夷陵一带发起反攻，火烧刘备连营七百里，蜀军几乎全军覆没，一路败退到白帝城。经此一战，蜀军遭受重创。夷陵之战是中国历史上以积极防御取胜的著名战例，也是东汉末年“三大战役”中的最后一战。

秦汉时期 | 公元221年—公元222年 | 秦汉时期 | 秦汉时期

夷陵之战的战场之一——猇亭郊野（今湖北宜昌）。

秦汉体育

射箭

射箭是秦汉时期一项重要的作战技能，主要分为步射和骑射，分别适用于中原地区和北方的匈奴地区。在汉代，精于射箭的人很多，“李广夜引弓”，也成为流传至今的一段佳话。

秦汉时期 秦汉时期 秦汉时期 秦汉时期

投壶

投壶是古人宴会上的一种礼仪性游戏：设特制之壶，宾主依次投矢其中，中多者为胜，输者喝酒以罚。在汉代，投壶游戏十分盛行，每逢宴请必有投壶节目助兴。当时人们还创造出许多新的投壶方式，如反手投壶、蒙眼投壶等，难度逐渐增加，投壶高手不断涌现。

五禽戏

五禽戏是东汉末年名医华佗创编的一套健身操，其要领是仿效虎、鹿、熊、猿、鸟五种动物的动作、神韵进行锻炼，长期坚持有强身健体的功效。所以五禽戏被人们世代相传，已成为中华民族宝贵的文化遗产。

蹴鞠

秦汉时期，蹴鞠是一项大众化的运动。上至皇帝下至普通百姓，都喜欢蹴鞠，甚至还有女子蹴鞠。

蹴鞠还是一种军事训练手段。它不仅可以增强体力，还讲求攻守的策略、彼此的配合，能够培养士兵团结勇敢的精神。

汉代赛马

赛马很早就出现了，春秋战国时期已有“田忌赛马”，到了汉代，尚武之风盛行，赛马活动在民间普遍开展。由于汉武帝非常热衷赛马，经常举行赛马比赛，所以这项运动在宫廷中也流行起来。

秦汉时期 | 秦汉时期 | 秦汉时期 | 秦汉时期

摔跤

两位男子在树荫下对摔

描绘摔跤表演场面的壁画

第四章

拳术、相扑说魏晋

前言

魏晋（220年—420年）

魏晋时期政权更迭，社会动荡。此时期，拳术在民间十分普及，少林拳派得以创立；相扑集观赏和竞技为一体，得到极大发展；传承于秦汉的投壶仍然十分流行；围棋发展进入高峰期；中国古代养生思想与理论逐步成熟。

拳术、相扑简介

拳术

拳术是中国武术中徒手技法的总称，简称拳。

北魏以后，军队实行府兵制，兵农合一，在武艺方面对士兵要求较高。由于府兵制规定以兵为业，世代为兵，这使武艺成为家传，也促进了军事体育的发展。

魏晋时期　魏晋时期　魏晋时期　魏晋时期

相扑

说到相扑，人们首先想到的是日本的相扑，其实，相扑是从中国古代的角抵发展而来的，到了两晋始称为相扑。《太平御览》中有云：“相扑下技，不足以别两国优劣，请使二郡更论经国大理人物得失。”

魏晋政治与经济

政治

“九品中正制”是魏晋时期的选官制度。自曹魏开始，各州郡有声望的人被任命为“中正”官，负责本地区的官吏选拔。他们把人分为九等，称“九品”，然后按品级选官，从此“上品无寒门，下品无势族”。这个制度严重阻碍了人才的选拔。

魏晋时期　魏晋时期　魏晋时期　魏晋时期

经济

西晋统一全国后，施行奖励农桑、表彰生产的政策，扭转了长期战争后的经济萧条局面，社会经济得到了恢复和发展。到了东晋，随着人口大迁移，中国的经济中心逐渐南移，江南获得全面发展，经济繁荣兴盛，手工业和商业方面也有长足进步。

魏晋科技与文化

石狮雕刻艺术

魏晋南北朝时期，佛教盛行，狮子被神化，其形象深入人心。石狮雕刻在技术上日臻纯熟，具有丰富的表现力。石狮形象威武雄壮、神态各异，凝结着古代工匠的智慧和心血。这一时期的石狮雕刻艺术取得了前所未有的卓越成就。

魏晋时期　　魏晋时期　　魏晋时期

龙门石窟

龙门石窟位于河南省洛阳市伊河两岸的龙门山与香山上。它始建于北魏，后历经各朝连续大规模建造达 400 余年。今存有窟龛 2000 多个，石雕造像 10 万余尊。这些前人留下的宝贵遗产，从不同侧面反映了中国古代社会各个领域的发展变化，体现了中国石刻艺术的最高水平。

魏晋时期　魏晋时期　魏晋时期　魏晋时期

绘画

魏晋时期，佛教盛行，宗教画占据主要地位。随着山水诗的增多，山水画也逐步流行起来。当时最著名的画家是东晋顾恺之，他擅长人物画，线条优美，人物传神，代表作有《女史箴图》《洛神赋图》，现存均为摹本。

曹植

曹植（公元192年—232年），字子建，沛国谯（今安徽省亳州市）人，三国时期著名文学家，魏武帝曹操之三子，魏文帝曹丕之弟。其代表作有《洛神赋》《白马篇》《七哀诗》。曹植的"七步成诗"广为流传：

煮豆燃豆萁，
豆在釜中泣。
本是同根生，
相煎何太急。

魏晋时期	192年—232年	240年—249年	魏晋时期

竹林七贤

三国魏正始年间（240年—249年），嵇康、阮籍、山涛、向秀、阮咸、王戎、刘伶七人，虽然他们的政治理念不尽相同，但都不愿出仕，经常去山阳县（今修武一带），畅游于竹林之下，喝酒、纵歌，被称作"竹林七贤"。

王羲之

“书圣”王羲之，字逸少，琅琊临沂（今山东）人，因官至右军将军，又称“王右军”。

王羲之是东晋时期著名书法家，兼善隶、草、楷、行各体，博采众长，自成一家，影响深远。其代表作《兰亭序》被历代书法家视为极品，称之为“行书第一”。

魏晋时期　魏晋时期　魏晋时期　魏晋时期

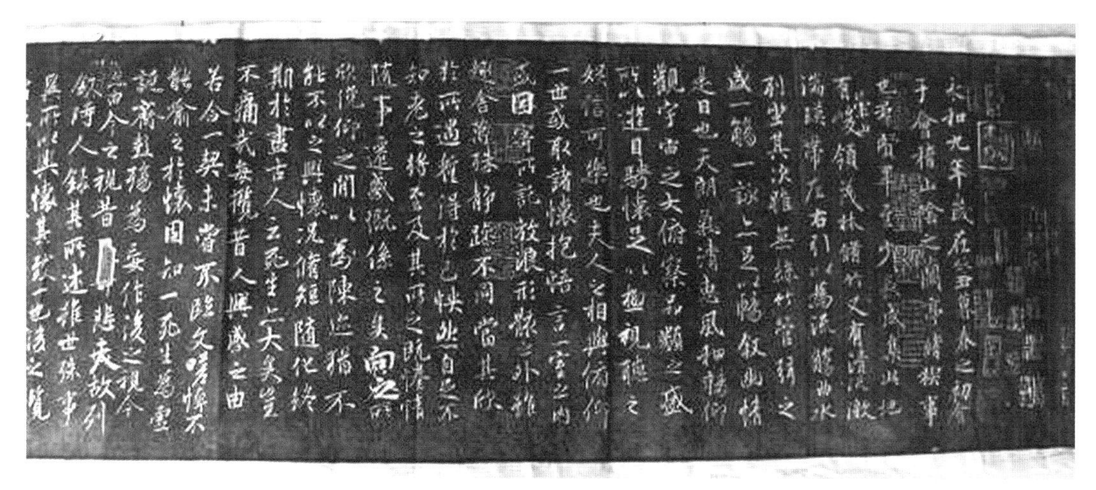

王羲之的兰亭序

谢安

谢安（320 年—385 年），字安石，陈郡阳夏（今河南太康）人，东晋政治家。孝武帝时谢安位至宰相。当时，前秦正处于强盛时期，企图消灭东晋。谢安治理军队有方，在淝水之战中，他派侄子谢玄率八万晋军击败了前秦八十万大军，此后数十年间东晋再无外族侵略。

魏晋时期　　320年—385年　　魏晋时期　　魏晋时期

谢道韫

谢道韫，字令姜，东晋时女诗人。她是宰相谢安的侄女，也是著名书法家王羲之次子王凝之的妻子。在《世说新语》中记载：谢安在一个雪天和子侄们讨论如何比喻飞雪。谢安的侄子谢朗说："撒盐空中差可拟。"谢道韫则说："未若柳絮因风起。"谢道韫的比喻赢得了众人的一致好评。后来"咏絮之才"被人们用来称赞有文才的女性，这个故事也被《三字经》所提及："蔡文姬，能辨琴。谢道韫，能咏吟。"

陆机

陆机（261 年—303 年），字士衡，西晋文学家、书法家。陆机具备多方面才华，诗文都有很高建树。陆机所作《平复帖》是现存年代最早的西晋名家法帖，在中国书法史上占有重要地位，同时对研究文字和书法变迁也有参考价值。

魏晋时期　261年—303年　魏晋时期　魏晋时期

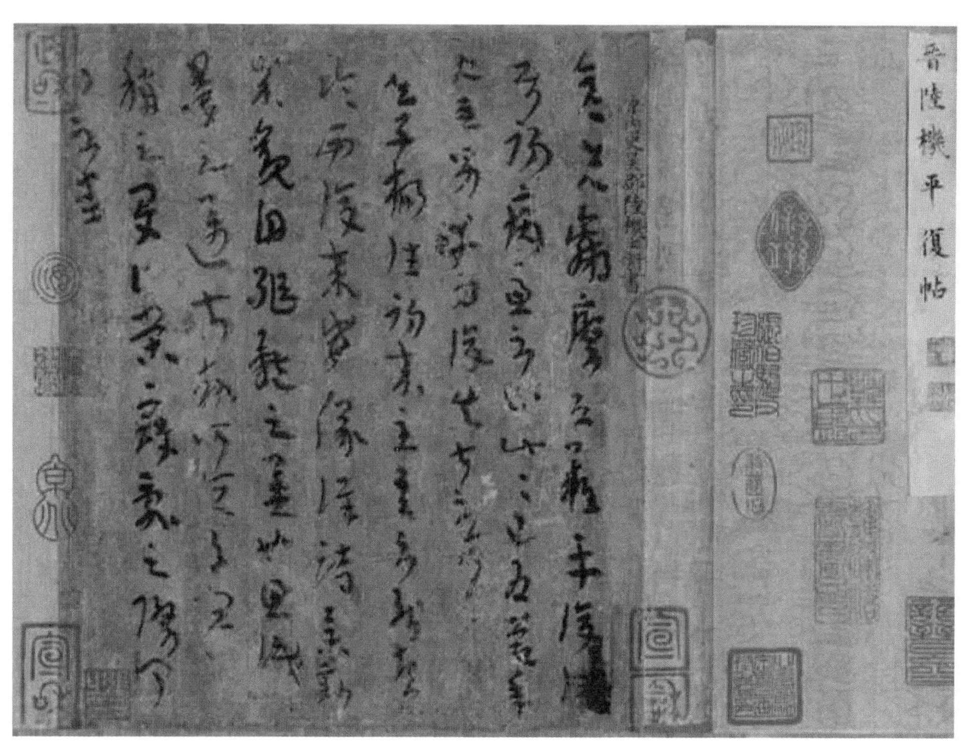

陆机的平复帖

顾恺之

顾恺之，字长康，小字虎头，晋陵无锡（今江苏无锡）人，东晋画家。顾恺之博学多才，不仅精于绘画，在书法、诗词上也造诣颇深，被世人称为三绝：才绝、画绝、痴绝。他的代表作《女史箴图》《洛神赋图》等堪称人物画的巅峰之作，对中国传统绘画的发展影响很大。

魏晋时期　约345年—406年　约365年—427年　魏晋时期

陶渊明

陶渊明（约 365 年—427 年），名潜，私谥“靖节”，浔阳柴桑（今江西九江）人，东晋诗人。他曾入朝为官，因不愿与统治集团同流合污，辞官回乡，归隐田园。

陶渊明所做诗文飘逸清新，是中国第一位田园诗人，被称为“古今隐逸诗人之宗”。其代表作有《归园田居》《饮酒》《杂诗》《桃花源记》等。

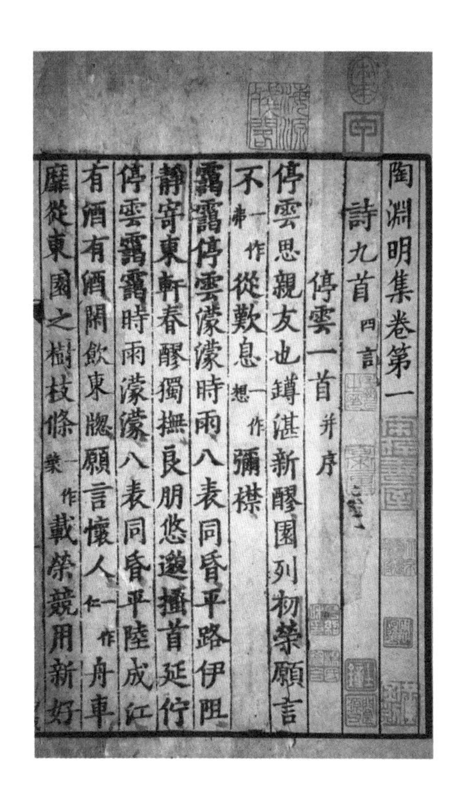

陶淵明集卷第一

詩九首 四言

停雲一首 并序

停雲思親友也罇湛新醪園列初榮願言不一作弗從歎息一作想彌襟

靄靄停雲濛濛時雨八表同昏平路伊阻靜寄東軒春醪獨撫良朋悠邈搔首延佇

停雲靄靄時雨濛濛八表同昏平陸成江有酒有酒閑飲東牕願言懷人一作仁舟車靡從東園之樹枝條一作榮載榮競用新好

祖冲之

祖冲之（429年—500年），字文远，出生于建康（今南京），祖籍范阳郡遒县（今河北涞水县），中国南北朝时期杰出的科学家。祖冲之主要贡献在数学、天文学方面。在世界数学史上，他第一次将“圆周率”精算到小数点后第七位，即在3.1415926和3.1415927之间；在天文学上，他创制了《大明历》，测定一回归年的日数与现代科学所测的日数仅差约50秒。祖冲之的主要著作有《缀术》《九章术义注》等。

魏晋时期 | 约365年—427年 | 公元429年—公元500年 | 魏晋时期

郦道元

郦道元，字善长，范阳涿县（今河北涿州）人，北魏地理学家。他好学博览，在各地任职期间，留心考察地理风物，搜集风土民情。他参考古代书籍的记载，撰写成地理学巨著——《水经注》。

《水经注》文笔优美，体例严谨，不仅具有重大科学价值，也有很高的文学和史学价值，对后世游记散文的发展有很大影响。

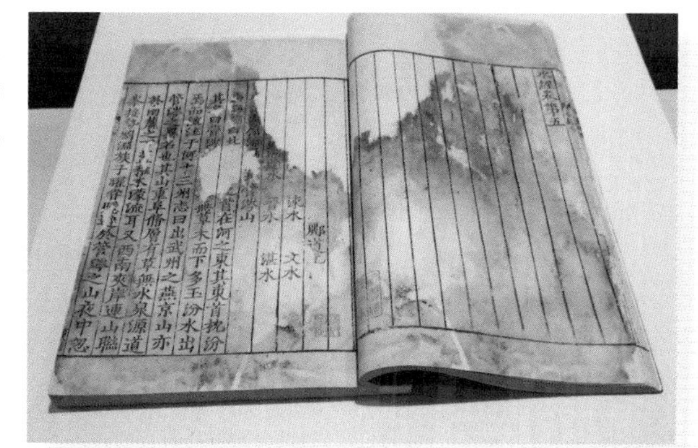

贾思勰

贾思勰，北魏益都（今山东青州市）人，中国古代农学家。贾思勰认为农业的发展对富国强民有很重要的作用，因此他遍访各地，研究农业生产技术，结合前人经验，著成了综合性农书《齐民要术》。

《齐民要术》是我国现存最早、最完整的大型农业百科全书，对后世产生了深远影响。

魏晋时期　　魏晋时期　　魏晋时期

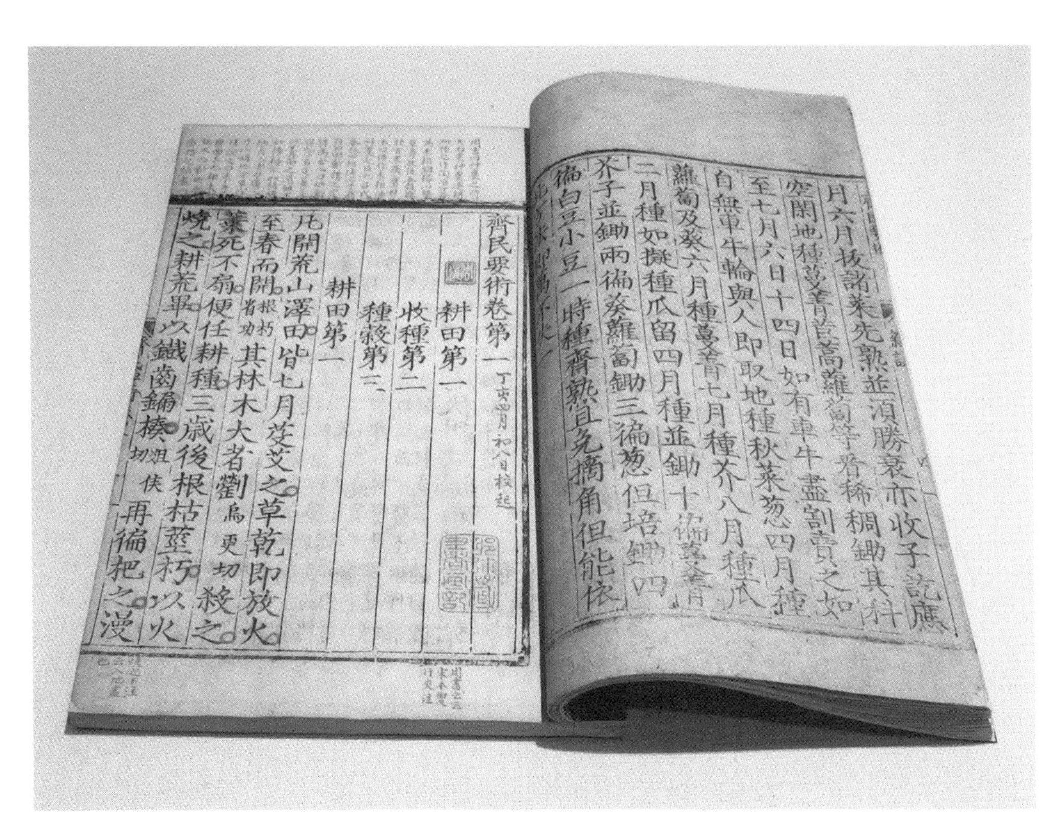
齊民要術卷第一 丁亥四月初八日校起
耕田第一
收種第二
種穀第三
耕田第一
凡開荒山澤田皆七月芟艾之草乾即放火
至春而開根朽省功其林木大者劉烏更切殺之
葉死不扇便任耕種三歲後根枯莖朽以火
燒之耕荒畢以鐵齒鎉楱俎候切再徧杷之漫

月六月拔諸菜先熟並須勝衰亦收子訖應
空閑地種蔓菁萵苣蘿蔔等著稀稠鋤其科
至七月六日十四日如有車牛盡割賣之如
自無車牛輸與人即取地種秋菜葱四月種
蘿蔔及葵六月種蔓菁七月種芥八月種瓜
二月種如擬種瓜留四月種並鋤十徧蔓菁
芥子並鋤兩徧葵蘿蔔鋤三徧葱但培鋤四
徧白豆小豆一時種齊熟且免摘角但能依

魏晋经典典故

周处除三害

周处是西晋时人，他年少时身强力壮，性情暴躁，经常和人争斗，在家乡义兴恶名远扬。义兴的河中有条蛟龙，山上有只白额虎，再加上周处，这三者一起危害百姓，当地人称之为“三害”。

后来有人想了个计策，劝说周处去杀死猛虎和蛟龙，实际上是希望三个祸害互相残杀。周处不知是计，还很高兴，一心为民除害。于是周处先上山杀了猛虎，又下河去斩蛟龙。周处同蛟龙搏斗，三天三夜没有出水。当地百姓都认为他死了，奔走相庆。周处杀死蛟龙后，从水中出来，听说乡人为自己的死而庆贺，方知大家把他当作祸害，因此决心悔改。后来他访师求学，改过自新，终成一代名臣，为老百姓做了很多好事。

魏晋时期　魏晋时期　魏晋时期　魏晋时期

司马昭之心

“司马昭之心，路人所知也。”此话出自魏国皇帝曹髦之口。

曹髦，字彦士，魏文帝曹丕之孙，十三岁时被司马懿之子司马师立为皇帝。不久司马师生病而死，其弟司马昭做了魏大将军，总揽曹魏大权，一心想谋朝篡位。曹髦不甘心做傀儡皇帝。他对自己的心腹大臣说：“司马昭之心，路人所知也。与其坐等被废黜，不如今日与你们一起出去讨伐他！”臣子们劝阻，曹髦也不听，率领左右仆从、侍卫数百人前去讨伐司马昭。司马昭派兵阻截，曹髦终被弑杀于车下，死时尚不满十九周岁。

“司马昭之心”指阴谋家的野心非常明显，已为世人所共知。

王羲之吃墨

相传王羲之练字非常用功，到了废寝忘食的地步。有一天该吃午饭了，王羲之还在专心地看帖、写字。仆人端来了他平时爱吃的蒜泥和馍馍，催了几次，他像没听见一样，连头也不抬。过了一会他母亲进来，只见王羲之拿着沾了墨汁的馍馍吃得正香，弄得满嘴乌黑。原来他吃馍馍的时候，眼睛仍然看着字，结果错把墨汁当蒜泥吃了。母亲看到这情形不由得放声大笑，王羲之浑然不知地跟着傻笑，还不住地连声赞道：今天的蒜泥真香啊！正是因为王羲之练字如此专注、认真，日后才修成一代“书圣”。

魏晋时期　　魏晋时期　　魏晋时期　　魏晋时期

王羲之爱鹅

相传王羲之非常喜欢鹅。山阴县有个老道，希望得到王羲之手抄的经书，但王羲之名气很大，又怎能给他写经呢？老道得知王羲之非常喜爱鹅，就精心调养了一批白鹅，每天赶着鹅到王羲之常去游玩的地方放鹅。王羲之看见了这群漂亮的大白鹅，非常高兴，就想要买下这些鹅。道士趁机说：“只要你给我抄写一篇经书，我就将这些白鹅都送给你。”王羲之高兴地给他抄写了经书，把鹅赶回了家。王羲之爱鹅，是因为他能从鹅游泳、行走、转头等动作中得到启发，领悟到书法执笔、运笔的技法。

闻鸡起舞

祖逖是东晋时的名将，年轻时便志存高远。他有个好友叫刘琨，他们每天听到鸡鸣就立刻起床，拔剑练武，从不间断。功夫不负有心人，他们终于成为文武全才。祖逖后来带兵北伐，实现了自己的报国之志。成语“闻鸡起舞”用来形容志士及时奋发。

淝水之战

公元383年，前秦苻坚带领60万步兵、27万骑兵南下，企图消灭东晋。东晋谢玄率领8万精兵应战，在淝水与前秦军队对峙。晋军要求前秦军队后撤，以便渡河作战。苻坚命令军队后撤，打算在晋军半渡时偷袭。不料，在军队后撤时，有人大喊，前线的秦军败了！前秦军队立刻阵脚大乱，溃不成军。晋军乘机猛攻，以少胜多，大败前秦军。

淝水之战战场遗址

魏晋时期　　公元383年　　魏晋时期　　魏晋时期

杯弓蛇影

晋朝有一个名叫乐广的人，一天，他在家宴请朋友，俩人正喝得高兴，朋友忽然盯着酒杯，双眼发直，心事重重，并立刻起身告辞。乐广觉得很奇怪。朋友回到家就一病不起。乐广闻讯前去探望，询问得病的原因，朋友说起那日在他家饮酒时，见杯中有小蛇游动，当时觉得又害怕，又恶心，回家就卧病不起。乐广回去仔细观察房间，找出了原因。过了几天，乐广又请这位朋友来家作客。席间，杯中又出现了游动的小蛇，乐广赶紧将挂在墙上的弓取下来，杯中的蛇影立刻就不见了，友人疑惧尽消，病也随之痊愈。

囊萤照读

东晋大臣车胤，自幼好学。由于家里贫穷，买不起灯油，夜不能读，车胤深感苦恼。一天晚上，暑热难耐，车胤走出家门，见空中飞舞着许多萤火虫，闪闪发光。他灵机一动，捉来几十只萤火虫，放进白纱布袋，就着萤火虫发出的微弱光线来读书。车胤成年后学识渊博，成为栋梁之材。成语“囊萤照读”形容家境贫寒，勤苦读书。

魏晋时期　魏晋时期　魏晋时期　魏晋时期

魏晋体育

◆投壶

两晋时期，投壶作为贵族的必会技艺，得到了进一步的发展。投壶在花式上名目增多，难度加大，所用器具也发生了变化，即在壶口两旁增添两耳，外形更加美观。

◆养生

魏晋时期，养生名家嵇康、葛洪、陶弘景等通过养生体验，总结出了饮食起居、精神摄养、服气疗病、导引按摩、药物补益等养生内容，提出了“坚齿”“明目”“聪耳”“胎息”等养生功法，其中“胎息”“坚齿”的论述在气功史上尚属首次。在养生方面注重发挥人体机能的潜力，强调动静结合，注重实效。养生还包括一个重要内容就是“养性”，即注重内在精神等方面的修养。这是魏晋时期养生理论的显著特点。

◆ 相扑

相扑是中国最古老的体育运动项目之一，到了西晋，已发展成为流行运动。它不仅是个人活动，两个地区之间也通过相扑比赛进行实力较量。

魏晋时期 魏晋时期 魏晋时期 魏晋时期

◆ 围棋

魏晋时期，围棋迎来了一个发展高峰。当时的贵族阶层无不喜爱围棋。晋武帝司马炎最好围棋，竹林七贤之一的阮籍、东晋的谢安等也都酷爱围棋。

第五章 马球、围棋评隋唐

前言

隋唐（581年—907年）

隋唐结束了魏晋的分裂局面，重新实现了大一统，对后世影响深远。经过隋的短暂统一，到了唐朝，国力强盛，经济繁荣，文化上兼容并蓄，各民族友好交往，对外交流活跃，是中国政治、经济、文化最为繁盛的时期之一。

隋唐体育更加开放，马球、围棋发展迅猛，迎来了新的发展高峰。其他体育项目，如蹴鞠、角抵、武艺、龙舟竞渡、拔河等，也得到了不同程度的发展和提高。

马球、围棋简介

马球

马球，史称“击鞠”，是骑手在马上执杖击球入门的一项体育活动，是力量和技巧的完美结合，体现了人们对力量和速度的追求。

马球运动在唐宋元三个朝代较为流行，唐朝尤盛，是当时贵族阶层的首选运动。

马球运动对抗性强，极具竞争力，唐朝的皇帝和王公贵族都热衷于此项运动，它不仅能娱乐强身，还提高了唐朝骑兵的训练水平和作战能力。

现存于世的唐朝壁画中有很多描绘马球运动的内容。

隋唐时期 隋唐时期 隋唐时期 隋唐时期

围棋

围棋历经魏晋南北朝的兴盛，在唐朝又迎来了一个发展高峰。

唐朝的几代皇帝都喜欢围棋，带动了围棋的普及与推广。唐太宗受父亲的影响偏爱围棋，曾专门写诗吟咏，认为弈棋如用兵，可以培养谋略，又可陶冶性情。唐玄宗在位时，朝廷设立了“翰林棋待诏”制度，这是中国围棋向职业化、专业化发展的标志。

隋唐政治与经济

隋唐统治者确立并完善了“三省六部制”，以掌管国家政令和政策的制定、审核与执行。三省分工合作，又相互制衡，最终都受制于皇帝，中央集权得到进一步加强。该制度的确立完善标志着中国封建官僚制度趋于成熟。

隋唐时期在经济领域推行了一系列措施：兴修水利工程，改革赋税制度，发明推广新农具等，这些举措有效地推动了经济的全面发展。到了唐玄宗统治时期，民康物阜，国力空前强大，唐朝走向全盛时期，史称“开元盛世”。

隋唐时期　隋唐时期　隋唐时期　隋唐时期

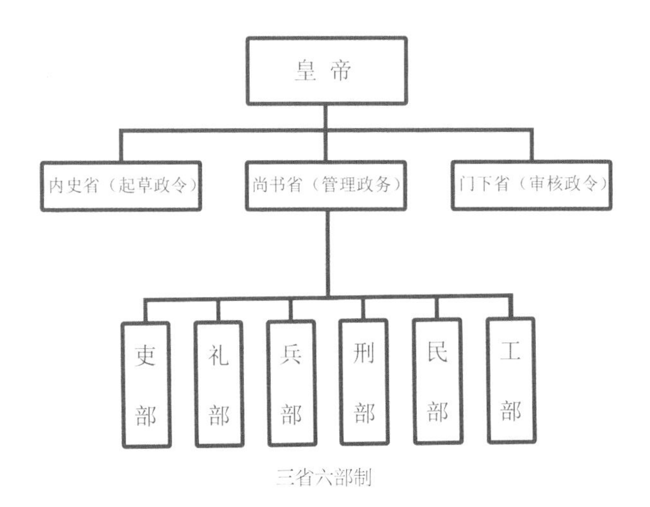

三省六部制

唐朝的周边国家，纷纷派使团来唐，从政治到经济，从文化到民生，全面向唐朝学习。他们把中国的先进文化、律法制度等传入本国，对国家的各个领域都产生了重大影响，推动了社会的发展。

隋唐科技与文化

科技成果

雕版印刷术

西安大雁塔

隋唐时期　隋唐时期　隋唐时期　隋唐时期

瑞兽葡萄纹铜镜

唐三彩

隋唐大运河

为了巩固中央政府对全国的统治，公元605年，隋炀帝征发百万民工，开始大规模修建漕渠。先后开通了多条渠道，重修了原有的旧运河，最终形成以洛阳为中心，南到余杭，北至涿郡的大运河。这是古代劳动人民创造的一大奇迹，大运河不仅加强了南北交通，还带动了江南地区的经济发展，进一步促进了南北文化交融。唐朝时，大运河得到进一步修整，其漕运功能也得到了充分的发挥。

隋唐时期　隋唐时期　隋唐时期　隋唐时期

赵州桥

赵州桥，位于河北赵县洨河之上，595年—608年由隋朝著名匠师李春设计建造。桥体全部用石头砌成，全长50.82米，其跨度之大在当时亦属首创。该桥是世界上现存最古老的独拱石桥。

唐朝雕版印刷品——《金刚经》

《金刚经》印制于公元 868 年，是现存于世最早的、标有确切日期的雕版印刷品。雕版印刷被称为印刷史上的“活化石”。

隋唐时期　隋唐时期　隋唐时期　隋唐时期

孙思邈

孙思邈，京兆华原（今陕西耀县）人，唐朝医学家。他总结前人的医学经验和理论，收集方药、针灸等，著有《千金要方》《千金翼方》。孙思邈对中国医学和药物学做出了重要贡献，被后世称为“药王”。

隋唐时期　隋唐时期　隋唐时期　隋唐时期

王勃

王勃，字子安，古绛州龙门（今山西河津）人，初唐诗人，与杨炯、卢照邻、骆宾王并称为“初唐四杰”。王勃作为四杰之首，在诗歌上尤其擅长五律和五绝，代表作有《送杜少府之任蜀州》《滕王阁序》等。留下了“海内存知己，天涯若比邻”等千古名句。

“落霞与孤鹜齐飞，秋水共长天一色。”

——唐·王勃《滕王阁序》

齊飛秋水共長天一色漁舟唱晚響
窮彭蠡之濱鴈陣驚寒聲斷衡陽之
浦遙吟俯暢逸興遄飛爽籟發而清
風生纖歌凝而白雲遏睢園綠竹氣
凌彭澤之樽鄴水朱華光照臨川之
筆四美具二難并窮睇眄於中天極
娛遊於暇日天高地迥覺宇宙之無
窮興盡悲來識盈虛之有數望長安
於日下指吳會於雲間地勢極而南
溟深天柱高而北辰遠關山難越誰
悲失路之人萍水相逢盡是他鄉之
客懷帝閽而不見奉宣室以何年
嗚呼時運不齊命途多舛馮唐易老
李廣難封屈賈誼於長沙非無聖主
竄梁鴻於海曲豈乏明時所賴君子
安貧達人知命老當益壯寧移白首
之心窮且益堅不墜青雲之志酌貪
泉而覺爽處涸轍以猶歡北海雖賒
扶搖可接東隅已逝桑榆非晚孟嘗

初唐四杰

唐代初年的文学家王勃、杨炯、卢照邻、骆宾王，被人们称为“初唐四杰”，简称“王杨卢骆”。他们承前启后、继往开来，为唐代文学发展做出了重要贡献。

《戏为六绝句》其二

王杨卢骆当时体，轻薄为文哂未休。

尔曹身与名俱灭，不废江河万古流。

《戏为六绝句》其三

纵使卢王操翰墨，劣于汉魏近风骚。

龙文虎脊皆君驭，历块过都见尔曹。

——唐·杜甫

隋唐时期 隋唐时期 隋唐时期 隋唐时期

吴道子

吴道子（680年—759年），阳翟（今河南禹州）人，唐代画家，擅长画佛道人物，有“画圣”之称。

隋唐时期 680年—759年 隋唐时期 隋唐时期

李白

李白（701 年—762 年），字太白，号青莲居士，唐朝伟大的浪漫主义诗人。李白的诗歌想象丰富、意境奇伟、气势雄浑、旷达豪迈，达到了我国古代浪漫主义诗歌艺术的高峰，被后人誉为“诗仙”。其代表作有《行路难》《蜀道难》《将进酒》《早发白帝城》等。

隋唐时期　701年—762年　709年—784年　隋唐时期

颜真卿

颜真卿（709 年—784 年），字清臣，京兆万年（今陕西西安）人，唐代书法家。颜真卿创“颜”体书法，对后人影响很大，有多种碑刻墨迹流传于世。

杜甫

杜甫（712 年—770 年），字子美，自号少陵野老，河南府巩县（今河南省巩义市）人。杜甫是唐代伟大的现实主义诗人，被后人称为“诗圣”。他勇于揭露社会矛盾，对穷苦百姓寄予深切同情，其诗气魄雄浑、沉郁悲怆，对中国古典诗歌具有深远的影响。其代表作有“三吏”“三别”和《春望》等。

隋唐时期　712年—770年　733年—804年　隋唐时期

陆羽

陆羽（733 年—804 年），字鸿渐，复州竟陵（今湖北天门）人，唐代著名学者。他一生喜好喝茶，从年轻时起，不辞辛苦，跋山涉水，与茶农为友，与茶叶为伴，认真钻研茶道，编写了一部关于茶事的专著——《茶经》。陆羽被后人称为“茶圣”。

韩愈

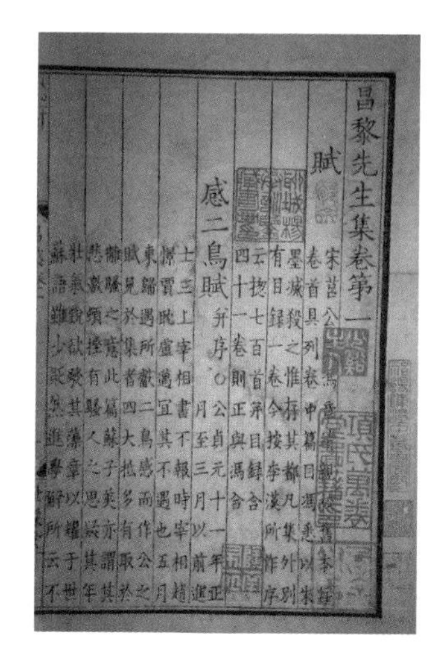

昌黎先生集卷第一

賦

感二鳥賦 并序

韩愈（768 年—824 年），字退之，河南河阳（今河南省孟州市）人，唐代著名文学家，世称“韩昌黎”。

韩愈是唐代古文运动的倡导者，位居“唐宋八大家”之首，他的作品对后世散文的发展产生了深远的影响，代表作有《师说》等。

隋唐时期　768年—824年　772年—846年　隋唐时期

白居易

白居易（772 年—846 年），字乐天，号香山居士，唐代伟大的现实主义诗人，新乐府运动的倡导者。他的讽喻诗针砭时弊，反映民生疾苦，影响巨大；他的闲适诗淡泊平易，同样为人赞赏。其代表作有《琵琶行》《长恨歌》等。

柳宗元

柳宗元（公元773年—819年），字子厚，河东（今山西运城西）人，唐代文学家、哲学家。他与韩愈共同倡导古文运动，同列“唐宋八大家”。其文结构谨严，文风峭拔矫健，代表作有《永州八记》等。

隋唐时期　公元773年—公元819年　公元778年—公元865年　隋唐时期

柳公权

柳公权（公元778年—865年），京兆华原（今陕西耀县）人，唐朝著名书法家。他自创“柳体”，书法骨力遒健，与颜真卿并称“颜柳”，对后世影响很大。其代表作有《金刚经碑》《玄秘塔碑》《神策军碑》等。

隋唐体育

隋唐时期国家统一，经济繁荣，百姓生活水平不断提高，这些因素有力地促进了体育活动的发展。

隋唐时期　隋唐时期　隋唐时期　隋唐时期

马球，史称“击鞠”，其起源一直是学术界争论的焦点，目前没有定论。

马球兴于汉，盛于唐，至清代始湮没。起初作为娱乐活动，它风靡于达官贵族阶层，后发展为军队的一种礼仪。宋代时，马球作为朝廷隆重的“军礼”之一，还制定了繁琐的仪式。

角抵

唐代角抵集技击、娱乐、观赏为一体，深受统治者的热爱。它不仅成为宫廷的主要观赏活动，在民间也广泛开展起来。

武艺

唐朝武则天首创“武举制”，目的是在和平时代通过考试来选拔军官，这项举措极大地推动了武艺的普及和提高，直到清朝末年，“武举制”才被终止。

隋唐时期　隋唐时期　隋唐时期　隋唐时期

蹴鞠

蹴鞠活动在两晋南北朝时期有些衰落，到了唐代，国泰民安，强身健体思潮流行，蹴鞠活动不仅得以恢复，而且开展得更为广泛。

隋唐时期 隋唐时期 隋唐时期 隋唐时期

拔河

拔河也称“钩强”“牵钩”，是我国一项古老的运动，到唐代已成为在民间、宫廷普遍开展的健体竞技运动。人们在庆祝丰收、欢度节日等喜庆之时，都会进行拔河比赛。

第六章 冰嬉、武术惜明清

前言

明清（1368年—1912年）

明清时期，专制主义中央集权达到顶峰，封建制度由盛转衰，统一多民族国家得到巩固；封建自然经济仍占主导，资本主义萌芽缓慢发展；对外由开放转为闭关锁国；思想文化领域进一步加强专制。这一时期，世界形势发生了巨大变化，而统治者却故步自封，埋下了近代落后挨打的隐患。

中国古代体育项目如蹴鞠、马球、田径、拔河等，自清朝开始逐渐衰落甚至绝迹，但一些新的体育项目有了较大发展。冰嬉和摔跤十分普及，一直延续至今。社会练武风气盛行，形成了融技击、健身及表演于一体的武术体系。

冰嬉、武术简介

“冰嬉”又称“冰戏”，是古代汉族冰上活动的泛称。“冰嬉”起源时间不详，最早在《宋史·礼志》中有记载。明朝时，“冰嬉”进入宫廷，成为体育活动，而在民间仅北方少数民族地区流行。到了清朝，“冰嬉”迎来了发展的黄金时代，它不仅是宫廷内的娱乐活动和军事训练项目，在民间也大为盛行。

明清时期 明清时期 明清时期 明清时期

故宫博物院所藏的《冰嬉图》描绘的就是清朝时宫廷冰嬉的盛大场面。《冰嬉图》是清朝乾隆年间宫廷画家张为邦、姚文翰所作。

冰嬉多在春节时表演，如舞龙、舞狮、跑旱船等。至今北方各地城乡仍盛行冰嬉。

武术，释义：武，止戈为武；术，思通造化、随通而行为术。

武术萌芽于远古时期，当时人类为了生存不得不与野兽进行搏斗，久而久之练就了一系列防护技能。经过不断发展，成为一项既可强身健体，又可防御的专门技艺。

明清时期，武术发展迅速，拳种众多，流派林立，成为中国武术发展历史上的鼎盛时期。

明清时期 明清时期 明清时期 明清时期

明清政治与经济

明清是中国古代最后两个封建王朝。

明朝政治与经济

明朝（1368 年—1644 年）是一个由汉族建立的王朝，共传十六帝，共 276 年。

明朝手工业和商品经济繁荣，初期出现了商业集镇，中期资本主义开始萌芽。明朝科技文化领先，其中造船、农学、天文学、医学、数学等方面在当时居世界前列。据《明实录》所载，明朝人口峰值为 7185 万，明前期是继汉唐之后的又一个黄金时期。

明清时期　明清时期　明清时期　明清时期

明前期（1368 年—1435 年）

明朝前期，是开创和进取的时期，历经洪武、建文、永乐、洪熙、宣德诸帝。在这一时期，明太祖朱元璋削平群雄，一统天下，恢复经济，巩固统治；朱棣迁都北京，兴建都城，派遣郑和七下西洋，组织人员编撰《永乐大典》。经永乐、洪熙、宣德三代皇帝的励精图治，开创了明朝三十三年（1403—1435 年）的繁盛局面，史称“永宣盛世”。

明清时期 明清时期 明清时期 明清时期

● 明太祖朱元璋

1368 年，朱元璋于应天府（今南京）称帝，国号大明，年号洪武，成为明朝的开国皇帝，即明太祖。

洪武年间，实行了较开明的经济政策，例如：令农民归耕，奖励垦荒，兴修水利，减免税负等。因此社会经济快速发展，人口迅速增加，国势强盛，史称“洪武之治”。

明太祖朱元璋

● 明成祖朱棣

朱棣，即明成祖，明朝第三位皇帝，年号永乐。

明成祖在位时，选文官进驻文渊阁，协助皇帝处理事务，参与决策，此机构俗称“内阁”；对外五次亲征蒙古，于东北、西北、西南等区域设置宣慰司，巩固了南北边防，维护了中国版图的完整；永乐元年下令编修《永乐大典》，疏浚大运河；多次派郑和下西洋，开拓海外交流；永乐四年下诏兴建北京故宫，1421 年迁都北京。明成祖统治期间，国家富强、社会安定、经济繁荣，史称“永乐盛世”。

明成祖朱棣

锦衣卫

洪武十五年（1382 年），明太祖朱元璋为加强皇权，设置了明朝专有的特务机构——锦衣卫，其全名为“锦衣亲军都指挥使司”。锦衣卫直接听命于皇帝，其职权为“掌直驾侍卫、巡查缉捕”，有权逮捕任何人，包括皇亲国戚，并进行不公开的审讯。

锦衣卫木印

郑和下西洋

明代永乐、宣德年间，皇帝为加强海外经济交流、增进与各国友好交往，多次派郑和下西洋。远航始于永乐三年（1405 年），结束于宣德八年（1433 年），共计七次。据史料记载，郑和下西洋远航西太平洋和印度洋，拜访了许多国家和地区，这一系列航行是中国古代规模最大的海上探险。

明清时期 → 明清时期 → 1405年—1433年 → 明清时期

● 明仁宗朱高炽、明宣宗朱瞻基

明仁宗朱高炽，明成祖长子，明朝第四位皇帝，年号“洪熙”。

明宣宗朱瞻基，明朝第五位皇帝，年号“宣德”。

明成祖朱棣以后，明仁宗朱高炽和明宣宗朱瞻基实行全面改革。他们采取宽松治国、息兵养民和赈荒惩贪等一系列政策，使得政治清明，社会稳定，百姓安居，经济繁荣。这一时期史称“仁宣之治”。

明仁宗朱高炽（1424年—1425年在位）
明宣宗朱瞻基（1425年—1435年在位）

明清时期

1424年—1425年在位

1426年—1435年在位

1435年—1566年
明中期

明中期（1435 年—1566 年）

明中期，即正统、景泰、天顺、成化、弘治、正德、嘉靖诸帝年间。在此期间，明朝政治腐败，统治黑暗，宦官专权，党争严重，土地兼并剧烈，社会危机频发。嘉靖时期，东南沿海倭寇横行，戚继光英勇抗倭，战绩辉煌。

● 明英宗朱祁镇

朱祁镇为明朝第六位皇帝（1435 年—1449 年）、第八位皇帝（1457 年—1464 年在位）。朱祁镇第一次继位，年仅九岁，年号正统。正统十四年，蒙古西部瓦剌先率军南下伐明，英宗朱祁镇御驾亲征溃败，前往征战的大臣和士兵大多战死，朱祁镇于土木堡被俘，这在历史上称为“土木堡之变”，也是明朝由盛转衰的一个转折点。

明英宗朱祁镇

土木堡之变后，朱祁镇的弟弟朱祁钰登基称帝，年号景泰。之后，朱祁镇回京，被景泰帝软禁于南宫。景泰八年，将领石亨、政客徐有贞、太监曹吉祥等人发动“夺门之变”，辅助朱祁镇复位，于是明英宗朱祁镇第二次登基称帝，改年号天顺。

明英宗在位主要政绩是废除殉葬制度，此举被后世喻为德政。

天顺八年明英宗病逝，葬于明十三陵之裕陵。

明清时期

● 弘治中兴

明孝宗朱佑樘，明朝第九位皇帝，年号弘治，明宪宗朱见深第三子。

明孝宗在位期间，实行了一系列兴国举措：整顿吏治，任贤使能；废除弊政，更定律制；防灾治害，发展农业。使得衰败的明朝再度复兴，社会稳定，经济繁荣，人民安居乐业，史称“弘治中兴”。

明孝宗朱佑樘

● 土地兼并

封建社会中央集权制度带来的顽疾就是土地兼并。

明太祖时采取有节制地赐田，明朝后期发展成为严重的土地侵夺。皇帝对贵族、官僚、功臣等的赐田越来越多，到明熹宗时竟无田可赐，令百姓分摊“无地之租”。失去土地的农民，还要背负不断加重的税役，走投无路，被逼反抗，于是爆发了农民起义。

● 大礼议

大礼议是指正德十六年到嘉靖三年间，明世宗朱厚熜生父母称号问题引起的政治斗争。

明武宗驾崩后，因其无子嗣，所以由身为藩王的堂弟朱厚熜继位，即明世宗嘉靖皇帝。明世宗继位后，想为其生父母封尊号，遭到了内阁成员反对。由此展开了一场关于礼仪的辩论，实际上是一场新旧势力的政治斗争。这场斗争最终以同意立世宗生父为宗嗣而告终。

“大礼议”之争历时三年，明世宗在大礼议中的胜利标志着旧势力垮台，新生势力崛起，嘉靖革新时代真正到来。

● 明中叶农业与手工业的发展

明中叶的农业有一定发展，在耕种、选种、灌溉、施肥、园艺等方面积累了丰富的经验。明中期花生、棉花种植很普遍，福建、广东广种甘蔗，湖州种桑养蚕，茶叶、马兰草等经济作物以及从国外引进的番薯、玉蜀黍、烟草的种植面积也不断扩大。

明中期手工业发达，广东、山西、福建出现了大规模的冶铁、铸铁业；景德镇的制瓷业有很大发展，如官窑青瓷，每座容烧能达到数百件，民窑可达千件。明中期手工业分工精细、工序分明，如苏州丝织分车工、纱工、缎工、织工等；织绸分打线、染色、改机、挑花等工种。

● 资本主义萌芽

明朝中后期，商品经济空前活跃，这也刺激了手工业的进一步发展。此时期手工工场生产规模更大，分工更细，技术更新，出现了“机户出资，机工出力”的雇用与被雇用的关系，即早期工人与资本家。这种关系的产生，标志着我国资本主义萌芽的出现。

明后期（1567 年—1644 年）

明朝的危亡时期（1567 年—1644 年），即隆庆、万历、泰昌、天启、崇祯诸帝年间。此时期社会矛盾复杂尖锐，政治黑暗，边患严重，农民起义频发。1644 年李自成攻入北京，崇祯帝殉国，南明抗清，明朝灭亡。

明清时期　1567年—1644年　明清时期　明清时期

● 万历三大征

万历三大征指明神宗万历年间，先后发生在西北、朝鲜和西南边疆的三次大规模战争的统称。具体是：宁夏之役——李如松率军平定蒙古人哱拜叛变；朝鲜之役——李如松等人援朝击退日本丰臣秀吉入侵朝鲜；播州之役——李化龙率军平定苗疆土司杨应龙叛变。

三大战役最终胜利，为明朝巩固疆土、维护在东亚的主导地位起了重要作用，但也因多年征战，国力消耗殆尽，从此拉开了明朝衰亡的序幕。

明神宗

● 张居正改革

张居正，字叔大，号太岳，湖北江陵人。明朝政治家、改革家。

万历元年，张居正作为内阁首辅，开始进行全面改革，史称“张居正改革”。改革以整顿吏治为核心，政治上，加强君主专制统治；军事上，用人唯才，裁减冗官；经济上，推行“一条鞭法”。改革历时十年，收效显著，明朝出现了中兴气象。张居正死后，改革措施多被废止。

● 戚继光

明代铜铳

戚继光（1528 年—1588 年），汉族，字元敬，号南塘，晚号孟诸，明代军事家、书法家、诗人，著名抗倭将领。

明初，倭寇对中国沿海地区进行侵扰和劫掠，人民生命和财产受到严重威胁。嘉靖三十二年始，戚继光在沿海地区率军抗击倭寇十余年，扫平了多年倭患。后又在北方抗击蒙古部族的入侵十余年，平定了边患。

嘉靖三十八年间，戚继光组建了一支精锐队伍（后称“戚家军”），纪律严明，训练有素，装备精良，百战百胜，被誉为“16 至 17 世纪东亚最强军队”。

戚继光撰写的兵书《纪效新书》和《练兵实纪》被收录于《四库全书》，占军事著作的十分之一。

戚继光在军事器械、军事工程上也有许多贡献，例如：改造和发明火攻武器、建造战船和战车，在长城上修建空心敌台等。

抗倭名城桃渚（今浙江临海境内）

明清时期 | 1528年—1588年 | 明清时期 | 明清时期

● 李自成起义

李自成（1606 年—1645 年），原名鸿基，明末农民起义的领袖。

明天启、崇祯年间，统治阶级压迫剥削百姓日益加重，旱灾连年发生，民不聊生，于是农民揭竿而起，反抗朝廷。

1629 年，李自成加入起义队伍，后转投高迎祥，因闯王高迎祥牺牲，李自成继任闯王之位。起义军提出“均田免粮”口号，赢得百姓的拥护，队伍不断壮大。1643 年，李自成称“新顺王”，次年建立大顺政权，取年号永昌。不久攻入北京，推翻明王朝。1644 年 4 月，李自成被多尔衮与吴三桂合兵打败退出北京，1645 年在湖北通山九宫山元帝庙遭村民误杀。

李自成部铸造的钱币

明清时期 | 1629年—1645年 | 明清时期 | 明清时期

清朝政治与经济

清朝（1636 年—1912 年）是中国历史上最后一个封建王朝，历经十二位皇帝，统治长达 276 年。康雍乾三朝是清朝的鼎盛时期，此时国力强盛，疆土巩固，社会稳定，经济发展迅速，人口大量增长。

清朝中后期，清政府采取闭关锁国的政策，思想僵化，文化专制，最终落后于世界。

● 康雍乾

康熙

雍正

乾隆

明清时期　明清时期　明清时期　明清时期

● 文字狱

文字狱指统治者藉文字罗织罪名迫害知识分子的狱事。历朝有之，清朝尤甚。清朝皇帝以此压制汉民族独立反抗意识，强化思想文化控制，清除异己，巩固自己的统治地位。

清文字狱有明史案、黄培诗案、伪稿案等，案件接连不断，给社会造成了恐慌，禁锢了知识分子的思想，摧残了他们的创造力，阻碍了社会的进步。

明清时期　明清时期　1661年—1662年　明清时期

● 郑成功收复台湾

1661 年，郑成功率军 2.5 万，从金门出发，冒着暴风雨强渡台湾海峡，使荷兰军队败退。1662 年，郑成功发起强攻，荷军被迫投降。被荷兰侵略者占据 38 年的台湾，重新回到祖国怀抱。

● 鸦片战争

1840年英国为了开拓殖民地和海外市场，保护鸦片走私，发动了蓄谋已久的侵略战争——第一次鸦片战争。同年6月，英军侵入广东海面，封锁各处海口，截断中国海外贸易通道。接着以惊人的速度沿海北犯，直达天津白河口。1841年，英方不满谈判结果，又进一步侵占香港岛及东南沿海的一些城市。1842年，英军舰抵达南京下关江面，清政府屈服求和，签订了《南京条约》，开始割地、赔款，丧失关税自主权，中国从此沦为半殖民地半封建社会。

第二次鸦片战争（1856年10月—1860年11月）是英、法联合发动的侵略战争，目的是进一步打开中国市场，扩大在华利益。1860年英法联军打进北京，四处烧杀抢掠，清帝逃往承德，圆明园被焚毁。此期间，尽管中国人民浴血奋战，英勇抗击侵略者，但由于清政府的软弱无能，最终宣告失败。

清政府签订了《天津条约》《北京条约》《瑷珲条约》等，割让领土，丧失主权，中国的半殖民地化程度进一步加深。

中英签订《南京条约》

明清时期 → 1840年—1842年 → 1856年—1860年 → 明清时期

戊戌变法

清戊戌年间，列强入侵，国力衰微，民族危机加深。为寻求救国之道，康有为、梁启超、谭嗣同等于 1898 年发动了一场资产阶级改良运动——“戊戌变法”。他们取得光绪皇帝的支持，在政治、经济、军事、文教等领域，推行全面改革。改革损害了守旧派的利益，尤其是慈禧太后的利益，遭到了强烈抵制。三个月后，慈禧太后发动政变，缉捕康有为、梁启超，囚禁光绪帝，杀害谭嗣同、康广仁、林旭、杨深秀、杨锐、刘光第六人。历时 103 天的戊戌变法以失败告终。

戊戌变法虽然失败了，但它推动了中国的思想解放运动。

明清时期　1898年　1899年秋—1900年9月7日　明清时期

义和团运动

19 世纪末，帝国主义国家侵略中国，瓜分中国领土，中华民族危机空前严重。1898 年，农民阶级掀起了一场规模宏大的反帝爱国运动，即义和团运动。义和团以“扶清灭洋”为口号，他们不屈不挠、拼死抵抗，英勇抗击八国联军侵华，沉重打击了帝国主义列强侵华的嚣张气焰，动摇了清政府的封建统治基础。

● 太平天国运动（1851 年—1864 年）

鸦片战争之后，清政府为支付战争赔款，加剧了对百姓的剥削，人民纷纷起来反抗。

1851 年初，洪秀全等人在广西金田村发动反清武装起义，建号太平天国。此后，太平军展开了反对清朝统治和外国资本主义侵略的斗争。这就是世界历史上规模空前的一次反封建、反侵略的农民战争——太平天国运动。

太平天国运动虽然未能取得最终的胜利，但太平军在反抗封建统治压迫和西方列强侵略中体现了中国人民不屈不挠的斗争精神。太平天国颁布的《天朝田亩制度》《资政新篇》纲领以及对外贸易采取的“平等互利，独立自主”方针，体现了中国人民对平等、自由、民主思想的向往。

中华人民共和国成立后，为了纪念在人民解放战争和人民革命中牺牲的人民英雄，政府在北京天安门广场建立人民英雄纪念碑，其中的一块浮雕画面就是洪秀全领导的金田起义。

明清时期 → 1851年—1864年 → 明清时期 → 明清时期

明清科技与文化

●《永乐大典》

《永乐大典》是明成祖朱棣永乐元年下诏命解缙、姚广孝等人编纂的一部大型类书，初名《文献大成》，1403 年—1408 年编修完成。据目前所知，全书 11095 册，22937 卷（包含目录 60 卷）约 3.7 亿字，汇集先秦至明初的典籍七八千种，堪称中国古代最大的百科全书。

《永乐大典》是我国一部珍贵的古代典籍，它保存了明朝以前各种学科的大量文献资料，比十八世纪中叶的《大英百科全书》和《法国百科全书》早几百年，是迄今为止世界上最大的百科全书。但现在仅存《永乐大典》部分副本，正本已失踪。

明清时期　1403年—1408年　1406年—1420年　明清时期

● 兴建故宫

北京故宫，又称紫禁城，始建于明成祖永乐四年（1406年），于永乐十八年（1420年）完成。紫禁城是一座长方形城池，面积约为72万平方米，四周城墙高达10多米，城外有护城河环绕，整体建筑分为外朝和内廷两部分。外朝是皇帝举行盛典的地方，主要有三大殿，即：太和殿、中和殿、保和殿。内廷是皇帝办事和居住的正宫，称为后三宫，即：乾清宫、交泰殿、坤宁宫。

现故宫已被联合国教科文组织列为“世界文化遗产”。

明长城

明长城，又称边墙，是明朝时期为巩固北方的边防而修筑的军事防御工程，由城墙、城关、城堡、墙台和烟墩等组成。明长城东起鸭绿江，西至嘉峪关，横贯今辽宁、河北、山西、内蒙古、陕西、宁夏、甘肃等省、市、自治区，因总长度超过万里，又称“万里长城”。明长城代表了中国古代建筑的辉煌成就，也是古代劳动人民智慧的结晶。

明清时期 | 明清时期 | 1518年—1593年 | 明清时期

李时珍——《本草纲目》

李时珍（1518年—1593年），字东璧，号濒湖，明代著名医学家、药物学家。

李时珍利用将近30年的时间，在全国各地收集药物标本，参考历代有关书籍几百种，编写完成《本草纲目》。这本巨著共收录1892种药物，总结了前人丰富的药学经验，对我国药物学发展做出了重大贡献。

● 宋应星——《天工开物》

宋应星（1587 年—约 1666 年），字长庚，汉族，江西奉新人，明朝著名科学家。

宋应星对生物、物理、化学、自然和哲学等学科均有较深研究，他撰写的有关农业和手工业生产的《天工开物》，被誉为“中国 17 世纪的工艺百科全书”。宋应星在世界上首次对锌、铜锌合金进行科学论述，并记述了锌的冶炼方法。他的著作还有《卮言十种》《画音归正》《杂色文》《原耗》《美利笺》《乐律》等，但多已失传。

为纪念宋应星，江西省在奉新建造了宋应星公园和纪念馆，其中宋应星纪念馆还是重要的科普基地和爱国主义教育基地。

明清时期 | 1587年—约1666年 | 明清时期 | 明清时期

徐霞客——《徐霞客游记》

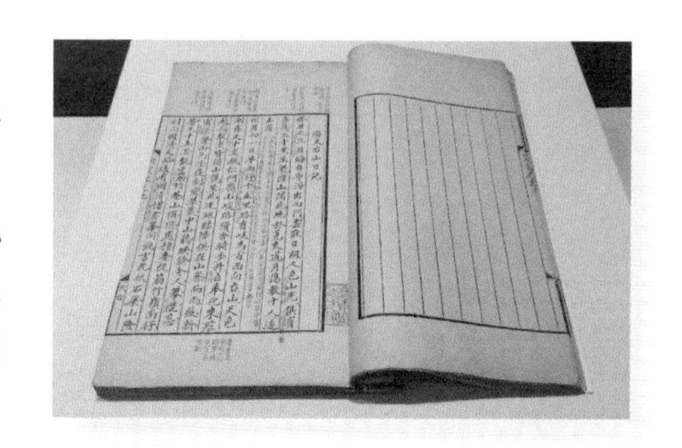

徐霞客，名弘祖，字振之，号霞客，南直隶江阴（今江苏江阴市）人，明代地理学家。

徐霞客专门从事旅行，系统考察全国各地地貌多年，并按日记载。后人将其所记载文字整理成《徐霞客游记》，这部著作是一部地理巨著，同时具有文学价值，被誉为“千古奇书”。

明清时期 明清时期 明清时期 明清时期

徐光启

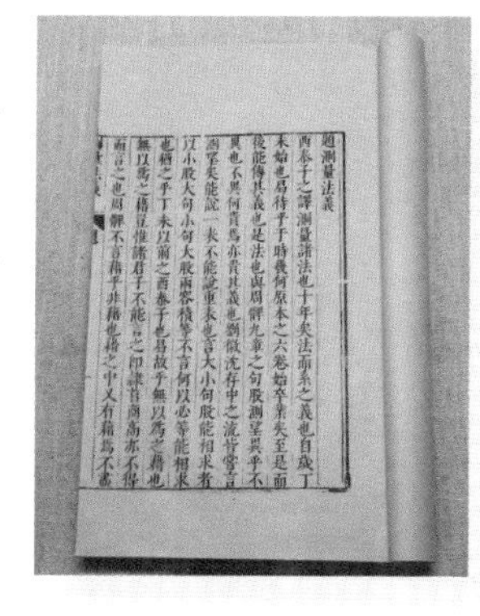

徐光启，字子先，号玄扈，汉族，上海县法华汇（今上海市）人，明末著名科学家、农学家、政治家。

徐光启在天文、数学、农学等方面研究突出，编著有《农政全书》。他还主持编译许多著作，为中西文化交流作出了重大贡献。译本《几何原本》是徐光启与意大利耶稣会传教士利玛窦（Matteo Ricci）合作翻译的，原本是古希腊数学家欧几里得所著的一部数学著作。《几何原本》的译本对中国数学的发展产生了重大影响，也由此几何学在中国流行起来。

四大名著——《水浒传》《三国演义》《西游记》《红楼梦》

四大名著是中国古典长篇小说四大名著的简称，分别为施耐庵写的《水浒传》，罗贯中写的《三国演义》，吴承恩写的《西游记》及曹雪芹写的《红楼梦》。四大名著是中国文学史上的经典作品，主题思想深刻，人物刻画生动，小说展现了广阔的社会背景。

明清时期 明清时期 明清时期 明清时期

京剧

京剧源于徽剧，形成于乾隆、嘉庆年间，是中国的“国粹”。京剧是集唱（歌唱）、念（念白）、做（表演）、打（武打）、舞（舞蹈）为一体的综合性艺术，其角色分为：生（男人）、旦（女人）、净（男人）、丑（男、女皆有）四大行当。

清代——《聊斋志异》《儒林外史》

《聊斋志异》简称《聊斋》，俗名《鬼狐传》，中国清代著名小说集，作者蒲松龄。全书共有短篇小说490余篇，有的反映社会现实的黑暗，有的抨击科举制的腐朽，更多的是爱情主题的作品，通过狐鬼花妖精魅的故事，表达作者对理想爱情的向往。《聊斋志异》里的故事情节玄幻，人物生动，描写细腻，具有较高的文学和艺术价值。

《儒林外史》，清代长篇小说，作者吴敬梓。小说主要以讽刺的手法，通过描写知识分子对功名利禄的病态追求，来揭示当时吏治的腐败，批判科举的弊端，嘲讽礼教的虚伪。小说人物刻画生动、细腻，是中国古代讽刺小说的巅峰之作。

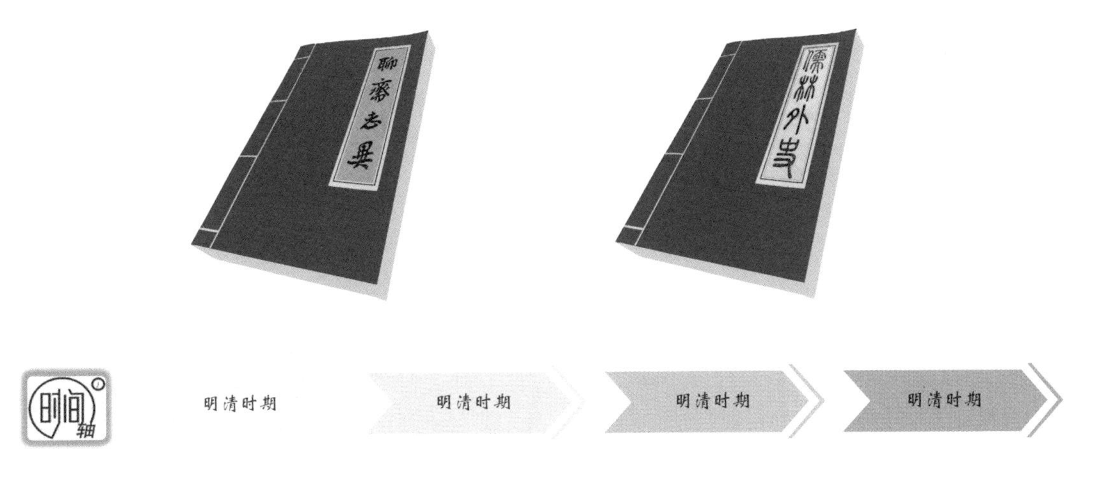

明清体育

从明初到清中叶，武术、摔跤、冰嬉、围棋等体育活动较为活跃。

武术

明清时期，由于外族入侵和朝代更迭，武术经历三次发展高潮，特别是清末的义和团运动，推动了民间武术的大发展。中国武术历经几千年，已成为今天承载中华文明的国际体育项目。

2020年1月8日，武术被列入第四届青年奥林匹克运动会正式比赛项目。

骑射

骑射，释义骑马射箭，最初作为军事技能，后发展为体育活动。明清时期对骑射十分重视，在军队训练中，骑射也是重要的训练内容。清朝把骑射列为科举考试内容，并且还设立训练专营，要求八旗子弟每日学习。骑射在清朝民间也广为流行。

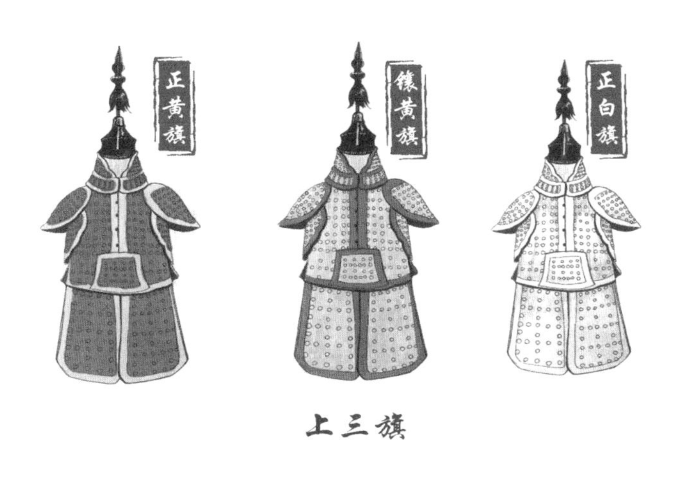

上三旗

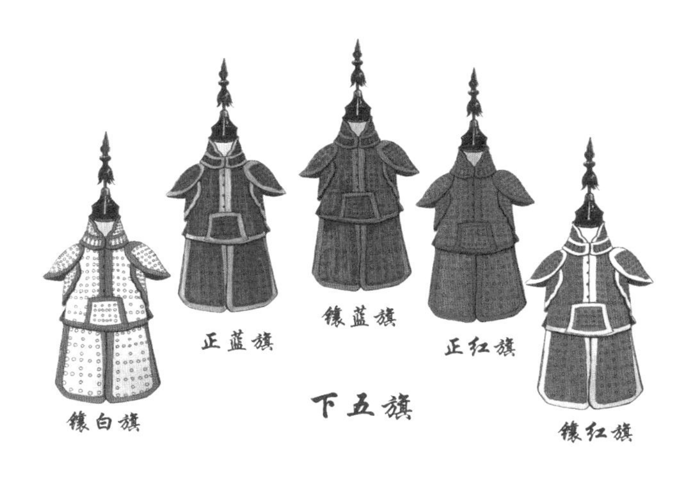

下五旗

明清时期 明清时期 明清时期 明清时期

● 摔跤

摔跤是一种格斗技术，现代摔跤运动起源于希腊。公元前776年，古希腊第一届奥林匹克运动会，摔跤是比赛项目之一。

中国古代典籍对摔跤也曾有记载。明清时期，摔跤活动广为流行，尤其在清朝盛况空前，并且突出了娱乐性的特点。清朝举行盛大活动时，常安排摔跤比赛助兴；军队中设有“善扑营”；民间摔跤也异常活跃，它既是健身娱乐的活动，又是一种谋生的手段。

● 棋类

围棋，古代称“弈”，起源于中国。明清时期，中国围棋发展迅速，棋艺较以前有很大提高，这一时期出现了“永嘉派”“新安派”“京师派”等棋艺流派。弈棋在明清民间极为盛行，妇女中也不乏弈棋能手，其流行程度可见一斑。

明清时期还出现了一些围棋名手，如：周懒予是浙江嘉兴梅里镇人，明末清初围棋国手，其少年时期已达国手水平；黄龙士，江苏泰州姜堰人，清代围棋国手，有“棋圣”之称，自幼成名。

象棋在清代民间也极为普遍，《桔中秘》《象棋百局》《适情雅趣》等象棋谱流传至今。

明清时期 明清时期 明清时期 明清时期

冰嬉

冰嬉是中国北方传统冬季活动，明朝时已在宫廷内开展，清朝迎来发展高峰。

明朝冰嬉中“冰床”活动较为流行。到了清朝，活动内容更加丰富有趣，形式多样。例如：冰上执球与踢球，跑冰、花样溜冰，冰上杂戏等。

明清时期　明清时期　明清时期　明清时期

参考文献

[1] 孟子等 . 中华优秀传统文化百部经典读本（全 100 册）[M]. 中华书局，2017.

[2] 广西课程教材发展中心. 民族体育与健康（九年级）[M]. 桂林：广西师范大学出版社，2007 年 7 月第 1 版：51.

[3] 卜宪群 .《中国通史 . 从中华先祖到春秋战国》[M]. 华夏出版社，安徽教育出版社总撰稿 . 2016 年 5 月第 1 版：6.

[4] 陈康，段小强 . 体育考古学导论 [M]. 北京：中国社会科学出版社，2016.

[5] 孙麒麟，毛丽娟，李重申 . 中国古代体育图录 [M]. 甘肃：甘肃教育出版社，2015.

[6] 乔志霞 . 中国古代体育 [M]. 北京：中国商业出版社，2015.

[7] 翟继勇，董琴娟 . 体育文明探究 [M]. 北京：中国书籍出版社，2017.

[8] 王新雷 . 明清武术对中国武术发展的影响 [J]. 搏击・武术科学，2008. 第 11 期 .

[9] 高路 . 儒道佛读本 [M]. 北京：中国青年出版社，2012.

[10] 郭漫 . 史记精编普及版 [M]. 北京：华夏出版社，2011.

[11] 新课程阅读研发中心 . 中华上下五千年 [M]. 武汉：湖北教育出版社，2014.

[12] 邢越 . 写给孩子的中国历史故事 [M]. 北京：天地出版社，2020.

[13] 夏征农 . 辞海 [M]. 上海：上海辞书出版社，1989.

[14] 王子安 . 中华武术 [M]. 汕头：汕头大学出版社，2012.

[15] 贾康 . 多姿多彩的古代体育运动 [M]. 西安：世界图书出版西安有限公司，2017.

[16] 薛亚钢，梁林，马卫东 . 体育与历史 [M]. 北京：北京体育大学出版社，2015.

[17] 左从现等 . 唐代马球运动发展分析 [J]. 体育科学，2001.5. 第 3 期 .

[18] 王烨 . 体育知识百科 [M]. 昆明：云南大学出版社，2011.

[19] 赵晔原著，张觉译著 . 吴越春秋全译 [M]. 贵州：贵州人民出版社，1993.

[20] 崔兵 . 论中国传统剑术的文化价值 [J]. 河北体育学院学报，2006. 第 3 期 .